W0033541

Moshé Feldenkrais
Die Entdeckung des Selbstverständlichen

Deutsche Übertragung von
Franz Wurm

Insel Verlag

Titel der amerikanischen Originalausgabe:
The Elusive Obvious, Meta Publications, Cupertino 1981
© 1981 by Moshé Feldenkrais

Dritte Auflage 1986
© der deutschsprachigen Ausgabe Insel Verlag
Frankfurt am Main 1985
Druck: Wagner GmbH, Nördlingen
Printed in Germany

Inhalt

Vorbemerkung des Übersetzers

> *»Meine Lektorin sagt mir zwar, ich sollte dem Leser die lästigen Aufgaben des In-sich-Gehens und Nachdenkens abnehmen; aber ich für mein Teil finde an Vorgekautem und Vorverdautem keinen Geschmack.«*
> Moshé Feldenkrais

Einem Buch, an dessen Beginn schon der Autor die drei Abschnitte »An den Leser«, »Vorwort« und »Einleitung« gestellt hat, auch noch eine »Vorbemerkung« vorauszuschicken, heißt das nicht, es allzu kopflastig machen? Wenn ich es trotzdem tue, so bedarf dies also einer Rechtfertigung.

Wer von Feldenkrais den »Fall Doris« gelesen hat, wird da und dort gestutzt haben oder gestolpert sein. Das Buch ähnelt einer Detektivgeschichte, und wie in einer solchen wird mitunter scheinbar nebenbei etwas erwähnt, das sich später als entscheidendes Indiz erweisen wird. Wer solche Indizien bemerkt, kann an ihnen selber zum Detektiv werden und die Geschichte weiterdenken. Bemerkt er sie nicht oder werden sie ihm später nicht mit Nachdruck in die Augen gerieben, so wird er am Ende nicht verstehen, wie der Detektiv zu seiner schlüssigen Lösung gelangt ist.

In Vorträgen und Kursen betonte Feldenkrais immer wieder: »Man muß gelernt haben, wie man aus Büchern lernen kann; Wissen ohne Erfahrung ist lebloser Ballast.« Konkret gesprochen: ich kann Anatomie und Physiologie studiert, dabei täglich ein Skelett vor Augen gehabt haben und doch nicht spüren, wo z. B. meine Hüftgelenke sind, wie ich sie bewege und wie ich sie bewegen könnte. Anders gesagt: was ich nur weiß, brauche ich gar nicht verstanden zu haben; erst der Gebrauch, die Anwendung des Wissens zeitigt Verstehen, zeigt mir, wie ich mein Wissen verstehe. So Verstandenes habe ich begriffen.

Wenn Feldenkrais unterrichtete, störte er häufig seine Studenten auf, indem er sie verunsicherte und verwirrte. »Stimmt das, was ich Ihnen da sage?« fragte er, »oder glauben Sie mirs bloß?« Oder, nachdem er eine Zeitlang Anweisungen gegeben hatte: »So, und jetzt machen Sie's anders, machen Sie's ›falsch‹, machen Sie's häßlich und schlecht; legen Sie sich nicht auf eine einzige Verfahrensweise fest, sonst stellen Sie sich selbst unter Zwang. Wer sagt denn, daß es nicht bessere, d. h. einfachere, leichtere, Ihnen gemäßere Wege gibt? Und woher wollen Sie das wissen, solange Sie's nicht ausprobiert haben? Oder wollen Sie lieber Roboter sein, Automat?« Und: »Nur zwei Wege? Das ergibt ein Dilemma. Machen Sie Fehler. Wer sagt Ihnen denn, daß, was Sie jetzt für Fehler halten, nicht die beste Lösung ist? Wenn man nicht bewußt Fehler machen kann, kann man unmöglich lernen. Nur wenn Sie wissen, was Sie tun, können Sie tun, was Sie wollen. Sonst handelt man, wie man muß; wie ein Computer, der, einmal programmiert, keine Wahl hat. Wir aber können uns selbst programmieren – und beliebig umprogrammieren, wenn wir's einmal gemerkt haben.« Und in diesem Buch: »Wenn Sie auf den folgenden Seiten Selbstverständliches finden, das Ihnen, mindestens seiner Form nach, neu ist, dann halten Sie, bitte, einen Augenblick inne und blicken in sich. Das Ausdenken von Alternativen hilft uns . . .« Die Stelle ist bezeichnend, denn hier scheint von einem Satz zum nächsten ein Gedankensprung geschehen zu sein. Oder vielleicht doch nicht?

Anders als bei *Bewußtheit durch Bewegung* und *Der Fall Doris,* war es diesmal nicht möglich, den englischen Originaltext gemeinsam mit dem Autor durch- und umzuarbeiten. Die Übersetzung hält sich darum eng an den Text des Originals. Der Leser sei jedoch davor gewarnt, jede Unklarheit voreilig dem Autor anzukreiden. Gewiß, Feldenkrais ist ein Mann der Praxis und des gesprochenen Wortes; aber gerade der Praktiker Feldenkrais ist in den letzten 35 Jahren von den präzisen und oft brillanten Formulierungen, wie sie in *Body and Mature Behaviour* zu finden sind – seinem ersten Buch, in dem er die theoretischen Grundlagen seiner Arbeit darlegt –, immer mehr abgerückt zugunsten einer mehr andeutenden, eher öffnenden als abschließenden Ausdrucksweise. Wie für Wittgenstein die Philosophie, so ist für Feldenkrais sein Denken nicht eine Lehre von Grund-Sätzen, sondern eine Tätigkeit; sie möchte nicht nach-gedacht werden, sondern zu eigenem bewußtem Denken und Handeln hinlenken. Wenn ich Sie auf meine Gedanken festlegen wollte, so hieße das, mich Ihrer zu bemächtigen, statt Sie Ihrer selbst mächtig werden zu lassen. Wie Wittgenstein, so könnte auch Feldenkrais seinem Leser sagen, er müsse durch das Buch über das Buch hinaussteigen, müsse sozusagen die Leiter wegwerfen, nachdem er auf ihr hinaufgestiegen ist.

Dafür gibt es noch einen anderen Grund. Je genauer wir uns selbst verstehen möchten, desto mehr entzieht sich uns die Sprache, die, von den überlieferten Formen unseres Selbstverständnisses geprägt, uns je und je in diese zurückziehen möchte. Die Neurologie, die Neuropsychologie zumal versucht deshalb seit längerem, in Metasprachen auszuweichen, wie die Logik vor ihr. Das zeigt, daß ein Umdenken im Gange ist, dem die herkömmliche Sprache, als der Ausdruck der herkömmlichen Denkweisen, nicht gewachsen ist und daher zuwiderläuft. Feldenkrais neigt dazu, sich mit dem – oft nur scheinbaren – Ungefähr der Umgangssprache zu behelfen, gleichsam Metonymie oder

Logik mit Metaphern zu verbinden, um die Beziehung zwischen diesen beiden Darstellungsweisen aufscheinen zu lassen. Die Richtung, in welche dieses Verfahren weist, könnte eine Verquickung der benennenden und deskriptiven Sprache der Wissenschaft mit den Mitteln der Umschreibung sein.

Feldenkrais widerstrebte es auch, seine Arbeit als abgeschlossen anzusehen: sie weiterzudenken und weiterzuführen, bleibt dem einzelnen überlassen. Der Mensch ist, wie das Leben, ein Vorgang und als solcher in unablässiger Veränderung begriffen. Ein Vorgang läßt sich zwar feststellen, aber nicht festlegen. Und darum vielleicht scheint das Buch über weite Strecken hin wie beiläufig hingesprochen. Dann stolpert man plötzlich über einen Sprung im Gedankengang, über eine dunkle Stelle. Wer verstehen möchte, wird den Sprung aus eigenem Nachdenken überbrücken, das Dunkel denkend erhellen, bei Wiederholungen sich fragen, ob das Gleiche, in einen anderen Kontext gestellt, dasselbe ist oder ein anderes. Den Leser stört Feldenkrais – wie er es auch sonst mit seinen Schülern tat – immer wieder auf, um ihn zum aktiven, mit- und weiterdenkenden sowie selbstverantwortlichen Mitarbeiter am Verständnis dieses Buches wie seiner selbst zu machen. Wo es darum geht, die Zwänge des kausalen Denkens zu lockern und womöglich aufzubrechen, und erst recht, wo nicht-verbales Denken angebahnt wird, bleibt der Autor angewiesen auf den guten Willen und die Intelligenz seines Lesers: in das beabsichtigte Dunkel werfe er *sein* Licht.

Feldenkrais bietet keine Patentlösungen, keine Rezepte. Er möchte den Leser nicht glauben machen, daß er verstehe, was er in Wirklichkeit nicht versteht. Er weckt die Aufmerksamkeit für das, was schon immer offen vor uns dalag und was wir aus irgendeinem Grund nicht gesehen haben. Mich erinnert dies an die Anekdote, derzufolge

Newton die Schwerkraft entdeckte, als – oder weil – ihm im Garten ein Apfel auf den Kopf gefallen war: Daß Äpfel nicht aufwärts fallen, hatte man schon immer gewußt; nur war noch niemandem eingefallen, sich zu fragen: »Wieso nicht?«

Mag sein, der Leser hätte auch ohne diese Hinweise dies alles selber dem Buch entnommen, eines jedoch nicht: den Dank, den ich hier Friedhelm Kemp sagen möchte, der, ebenfalls mit Feldenkrais befreundet und mit seiner Arbeit vertraut, das Manuskript dieser Übersetzung durchgesehen und durch seine Fragen und Anmerkungen dem Übersetzer geholfen hat.

Feldenkrais Institut,
CH-8032 Zürich, im November 1984   *Franz Wurm*

Die Entdeckung
des Selbstverständlichen

An den Leser

Dieses Buch hat es mit einfachen Grundvorstellungen aus unserem Alltag zu tun, die uns so gewohnt sind, daß sie sich unserem Bewußtsein entziehen. Sie liegen auf der Hand, bzw. vor unserer Nase; wir richten uns nach ihnen, ohne es zu merken.

Sie liegen auf der Hand, darum übersehen wir sie. Wir stoßen mit der Nase an sie, darum erkennen wir sie nicht. Weil sie auf der Hand liegen, entziehen sie sich unserem Zugriff. Wenn ein Bild lange genug an der Wand vor uns hängt, nehmen wir es nicht mehr wahr. Gewöhnung macht unsichtbar; Gewohnheit wird unsichtbar.

Wie verstehen wir das Selbstverständliche?

»Zeit ist Geld«: im Geschäftsleben selbstverständlich eine nutzbringende Einstellung. In der Liebe verursacht die gleiche Einstellung viel Unglück. Auch das ist selbstverständlich, wenn man es einmal bedacht hat. Derlei Fehler begehen wir oft. Wir übertragen unsere Einstellung zu einer Tätigkeit auf eine andere und verhindern dadurch, daß unser Leben so wird, wie es sein könnte. Indem wir so fehlen, verfehlen wir schließlich uns selbst.

Romantik kann sehr schön sein, romantische Liebe ein Zauber. Aber wenn einer der Partner romantisch empfindet und der andere in der Art von »Zeit ist Geld«, dann werden beide, wenn es nur lange genug währt, beim Psychiater landen oder beim Scheidungsanwalt.

Viele Beziehungen und vielerlei Tätigkeiten erleiden Störungen dadurch, daß wir eine hier angemessene, also anscheinend »gute« Denkgewohnheit in ein Gebiet übertragen, wo sie fehl am Platz ist. Wir verhalten uns gleichsam, als wären gute Gewohnheiten immer und überall gut. Wir denken, oder genauer: wir haben das Gefühl, daß wir an unserem Verhalten nichts zu ändern brauchen. Es fällt uns nicht auf, geschweige denn ein, daß »gute Gewohnheiten« uns zum Verhängnis werden können. Das ist eine Wahrheit, die einzusehen schwerfällt. Und doch führt gerade solch ein gewohnheitsmäßiger Mangel an freier Wahl oft zu Unglück – wenn er nicht selber schon eines ist.

Wenn Sie auf den folgenden Seiten Selbstverständliches finden, das Ihnen, mindestens seiner Form nach, neu ist, dann halten Sie, bitte, einen Augenblick lang inne und blikken in sich. Das Ausdenken neuer Alternativen hilft uns, stärker und klüger zu werden. Meine Lektorin sagt mir zwar, ich sollte dem Leser die lästigen Aufgaben des In-sich-Gehens und Nachdenkens abnehmen, und ich bin überzeugt, sie ist mit den Erwartungen und Wünschen des Durchschnittslesers vertraut; aber ich für mein Teil finde an Vorgekautem und Vorverdautem keinen Geschmack. Doch habe ich vor und nach den einzelnen Kapiteln kurze Einführungen und Zusammenfassungen eingefügt, die Ihnen das Kauen erleichtern und das Verdauen fördern und die Ihnen helfen mögen, das zu entdecken, was Sie immer schon gewußt und wovon Sie dennoch keine Ahnung haben.

Danksagung

Hier stehe mein Dank an die Architektin *Allison Downs*.
Ohne ihren genauen und kritischen Verstand wären weder
dieses Buch noch *Der Fall Doris* das geworden, was sie
sind. Überdies hat sie beide Bücher ins reine geschrieben.
Nur eine lebenslange Freundin konnte dies alles für mich
tun.

Vorwort

Sind Sie mit Ihrer Haltung zufrieden? mit Ihrer Atmung? mit Ihrem Leben? Oder, anders gefragt: Haben Sie das Gefühl, Sie hätten aus Ihrer Erbmasse, aus den Möglichkeiten, mit denen Sie auf die Welt gekommen sind, das Bestmögliche gemacht? Haben Sie gelernt, das zu tun, was Sie von sich aus am liebsten tun möchten – und wie man das tut? Leiden Sie an chronischen Schmerzen? Bedauern Sie, nicht tun zu können, was Sie gerne täten? Ich bin nämlich der Ansicht, daß Ihre geheimen Wünsche in Wirklichkeit nicht bloße Wunschträume sind, sondern daß jeder von uns so leben könnte wie er es sich insgeheim wünscht. Was uns daran hindert, ist Unwissenheit: in der Wissenschaft, in unserer Kultur, und Unkenntnis unserer eigenen Person. Wenn wir nicht wissen, was wir tatsächlich tun, dann können wir unmöglich das tun, was wir möchten. Ich habe an die vierzig Jahre damit zugebracht, zuerst einmal erkennen zu lernen, wie ich was tue, und dann anderen beizubringen, wie man lernen lernt, damit sie sich selbst gerecht werden können. Sich selbst zu erkennen, scheint mir das Wichtigste, was ein Mensch für sich tun kann. Aber wie kann man sich erkennen? Indem man lernt zu tun, nicht wie man »sollte«, sondern wie es einem selbst gemäß ist. Und es fällt uns sehr schwer, das, was wir tun wie wir's tun *sollen,* von dem zu unterscheiden, was wir von uns aus tun *möchten.*

Die Mehrzahl der Menschen einer jeden Generation hört auf, sich weiterzuentwickeln, wenn sie geschlechtsreif ist. Sie gilt dann als erwachsen und empfindet sich auch so. Was man danach noch lernt, hat vorwiegend nur gesellschaftliche Relevanz; die Weiterentwicklung der Person für

sich bleibt im großen und ganzen zufällig und ein Glücksfall. Die meisten von uns erlernen einen Beruf eher durch
die Gelegenheit dazu als durch kontinuierliche Entwicklung und Entfaltung ihrer Möglichkeiten und Neigungen.
Nur künstlerisch tätige Menschen – Musiker, Maler, Bild-
hauer, Dichter, Tänzer und manche Wissenschaftler und
Schuster – bleiben nicht stehen und stecken, entwickeln
sich nicht nur in gesellschaftlicher und beruflicher Hinsicht
weiter, sondern auch als Person. Andere erweitern nur ihre
beruflichen und gesellschaftlichen Fähigkeiten, während
ihr Gefühls- und Sinnenleben pubertär oder infantil bleibt
und sie dementsprechend auch in ihren motorischen Funktionen zurückbleiben. Ihre Haltung wird immer schlechter,
Bewegungen werden eine nach der andern aus dem Reper-
toire ausgeschieden, zuerst das Springen und Über-den-
Kopf-Rollen, dann, in welcher Reihenfolge auch immer,
die Drehbewegungen . . . Sie werden abgebaut oder so ver-
nachlässigt, daß es bald vollends unmöglich wird, sie noch
auszuführen.

Es liegt im Wesen jeder Kunst, daß, wer sie ausübt, seine
Fähigkeiten immerzu verbessert, seine motorischen Fertigkeiten immer mehr differenziert und variiert, bis ins hohe
Alter hinein. Er entwickelt sich weiter und nähert sich
asymptotisch einer Kunstfertigkeit, wie sie seinen Absichten entsprechen würde. Es gibt solche Künstler auf allen
Gebieten; aber es sind ihrer kläglich wenige, gemessen an
der Anzahl, die es geben könnte.

Vielleicht hilft Ihnen dieses Buch auf einen glücklicheren
Weg zu Ihrer Individualität als es die breite, ausgetretene
Heerstraße getan hat, auf die man uns gewöhnlich stellt.
Nicht, daß ich die Absicht hätte, Sie zu korrigieren. Ihre
Schwierigkeit liegt ja – wie die meine und unser aller
Schwierigkeit – gerade darin, daß wir uns bemühen, uns so
korrekt zu benehmen wie man das von uns erwartet und

»wie man es tun sollte«; sie liegt darin, daß, indem wir diesem »sollte« zustimmen, wir unsere Individualität unterdrücken, d. h. unser Selbst verleugnen. Indem wir diese Forderung nämlich akzeptieren, willigen wir ein, gegen uns selbst zu gehen. Zuletzt wissen wir überhaupt nicht mehr, was wir wollen, und glauben, daß wir tatsächlich tun, was wir tun möchten, und der unbehagliche *status quo* gefällt uns scheinbar besser als was wir zu wünschen glauben oder behaupten.

Ein Ausweg liegt auf der Hand. So offen liegt er da, daß kaum Einer ihn bedenkt: uns weniger darum zu kümmern, *was* wir tun, als um die Art und Weise, *wie* wir es tun, was es auch sein mag. Denn das *Wie* ist das Kennzeichen unserer Individualität, aus ihm erkennen wir unser Vorgehen, den Prozeß unseres Tuns, und nicht aus dessen Inhalt oder Ergebnis. Indem wir merken, wie wir dieses oder jenes tun, werden wir vielleicht eine andere Verfahrensweise finden, und das bedeutet: endlich etwas freie Wahl gewinnen. Denn solange wir keine Alternative haben, haben wir überhaupt keine Wahl. Mit wieviel Gründen auch immer wir uns dann einreden, daß wir den einzig möglichen Weg gefunden haben: in Ermangelung alternativer Wege ist und bleibt er bloßer Zwang.

Es ist nicht leicht einzusehen, wie Ihnen bei solch einer Unternehmung ein Buch oder überhaupt etwas helfen kann. Denken ist spannend, die Mitteilung des Denkens durch Wörter das einzige Hindernis. Denn Sprechen ist nicht Denken; obwohl es das manchmal sein kann. Wie dem auch sei, wir wollen's versuchen.

Dieses Buch ist das vierte, das ich über dieses Thema auf Englisch geschrieben habe. Meine Schüler hatten mich gebeten, den Unterricht, durch den sie vier Sommer lang ausgebildet worden waren, in einem Buch zusammenzufassen. Am Ende der vier Jahre haben die diplomierten Schüler in San Francisco den Berufsverband der *Feldenkrais Guild* gegründet.

Nur weniges von dem, was hier zu lesen ist, steht schon in meinen früheren Büchern. Der Verfasser ist alt geworden, der Stoff ist neu.

Einleitung

Ich bin bekannt für die wohltuende Wirkung dessen, was ich *Funktionale Integration* und *Bewußtheit durch Bewegung* nenne. In diesen beiden Techniken wende ich alles an, was ich gelernt habe, um Gesundheit, Gemütsverfassung und Können derer zu verbessern, die zu mir um Hilfe kommen, und um sie besser zu befähigen, ihre Schmerzen, ihre Angst, ihre Schwierigkeiten überhaupt zu meistern und loszuwerden.

Als junger Mann spielte ich eifrig Fußball und zwar als linker Verteidiger. Bis ich mir einmal das linke Knie so verletzte, daß ich einige Monate lang nicht richtig gehen konnte. Chirurgische Eingriffe am Knie waren damals noch nicht so selbstverständlich wie heute. Ich habe daher lernen müssen, mit solch einem Knie umzugehen, und dieses Lernen hat mir den Sinn geöffnet dafür, wie dringend es ist, das Lernen schlechthin zu erlernen. Zweifelsohne nimmt auch auf diesem Gebiet unser Wissen noch zu; aber mit einer erprobten, brauchbaren Theorie läßt sich vieles von dem, was wir heute wissen, schon nutzbringend anwenden.

In diesem Buch beschreibe ich nur, was Sie benötigen um zu verstehn, *wie* meine Techniken funktionieren. Auf die vielen *Warum* einzugehn, habe ich absichtlich vermieden. Ich verstehe es, zu leben, elektrischen Strom zu benützen ... Aber wenn man mich fragte, warum ich lebe und warum es Elektrizität überhaupt gibt, ich käme in große Verlegenheit. In zwischenmenschlichen Belangen wird zwischen *Warum* und *Wie* nicht so scharf unterschieden; man gebraucht beide eher wahllos, oft in der vernebelnden

Mischform des *Wieso*. In der Wissenschaft kennen – und erkennen – wir eigentlich nur das *Wie*. Begründungen sind eine Form des Beschreibens und erklären, genau genommen, nichts.

Ich bin in Rußland geboren und in der kleinen Stadt Baranowitz aufgewachsen. Zur Zeit der Balfour-Erklärung, als ich vierzehn Jahre alt war, bin ich ganz allein nach dem damaligen Palästina gezogen, das noch britisches Mandatsgebiet war. Dort habe ich einige Jahre lang als Pionier gearbeitet, vor allem mit den Händen. Mit dreiundzwanzig Jahren habe ich das Abitur abgelegt, Mathematik studiert und dann fünf Jahre lang bei der Landesvermessung gearbeitet, wo ich die Berechnungen machte, nach denen die Landkarten erstellt wurden. Dabei habe ich genügend Geld gespart, um nach Paris gehen und dort studieren zu können. Nachdem ich Elektro- und Maschineningenieur geworden war, habe ich die Sorbonne besucht, um meinen Doktor zu machen. Während dieser Zeit wurde ich dem Laboratorium von Frédéric Joliot-Curie zugeteilt, der später den Nobelpreis für Physik erhielt. Damals lernte ich auch Professor Kano kennen, den Schöpfer des Judo; mit seiner Hilfe und der einiger seiner Schüler (des japanischen Gesandten Yotao Sigimura und Kawaishis) habe ich es bis zum Schwarzen Gürtel gebracht. Später gründete ich den ersten Judo-Klub in Frankreich, der heute fast eine Million Mitglieder zählt. Im Zweiten Weltkrieg entkam ich, nach dem Einfall der Deutschen in Frankreich, nach England. Dort habe ich bis zum Ende des Krieges für die britische Admiralität gearbeitet, in ihrer wissenschaftlichen Abteilung, als Forschungsoffizier für U-Boot-Abwehr. Ich war damals häufig im Londoner Budokwai. Anfang der fünfziger Jahre wurde ich nach Israel berufen, um dort der erste Direktor der Elektronischen Abteilung der Israelischen Streitkräfte zu werden.

1949 ist mein Buch *Body and Mature Behaviour* bei Routledge & Kegan Paul in London erschienen. In der Folge – mit mir ging's inzwischen gegen die Fünfzig – traf ich häufig auf Menschen, die meinten, ich müsse über außergewöhnliches Wissen verfügen, durch das ich ihnen vielleicht helfen könnte. Das Buch war eine Darlegung unserer wissenschaftlichen Kenntnisse nach ihrem damaligen Stand. Sie hatten mich auch bewogen, sie praktisch anzuwenden. Meine damals veröffentlichten Ansichten über die Angst und das Fallen und über die Bedeutung des Vestibularzweiges des achten Schädelnervs sind inzwischen allgemein übernommen und Gemeingut geworden. Den Bedürfnissen meiner Mitmenschen zu entsprechen, habe ich allmählich die beiden Techniken *Funktionale Integration* und *Bewußtheit durch Bewegung* entwickelt, die ich seither in rund einem Dutzend Ländern gelehrt habe. Im Laufe dieses Helfens und Lehrens habe ich, durch Berühren und Bewegen, mehr Köpfe untersuchen dürfen als ich mich zu sagen traue. Sie kamen aus den verschiedensten Berufen und Lebenslagen, Rassen, Kulturen, Religionen und Altersstufen. Der jüngste war der eines fünf Wochen alten Säuglings, dessen Hals durch die Geburtszange verletzt worden war, der älteste der eines siebenundneunzigjährigen Kanadiers, der elektrisiert worden und seit mehr als dreißig Jahren gelähmt war.

Diese Einzelheiten sollen nur zeigen, daß ich lernend vor allem darauf aus war, die praktische Wirksamkeit meines jeglichen Tuns zu erforschen. Ich lerne noch immer; lese viel und mache mir Notizen, ungeachtet meiner vielen Verpflichtungen und Reisen. Ich möchte einige der Autoren auch Ihrer Aufmerksamkeit empfehlen, zum Beispiel Jacques Monod, Erwin Schrödinger, J. Z. Young, Konrad Lorenz und Milton H. Erickson.* Sie alle befassen sich

* S. *Bibliographie*, S. 223.

auch mit Fragen der Philosophie, der Entwicklungslehre, der Semantik und erläutern ihre Einsichten in die psychophysische Welt.

Ich fasse also mit meinen Händen an und habe dies an tausenden und abertausenden Menschen aller Art getan. Dieses Anfassen, Berühren, Bewegen, dieses Be-Greifen und Be-Handeln lebender menschlicher Körper ermöglicht es mir, die Erkenntnisse der großen Forscher und Autoren in die Praxis umzusetzen und dadurch etwas zu erreichen, wovon diese selbst keine Ahnung hatten, nämlich die unmittelbare Nutzanwendung ihres Wissens hier und jetzt, indem ich es in die nicht-verbale Sprache der Hände übertrage als *Funktionale Integration* und in die verbale, die Wort-Sprache, als *Bewußtheit durch Bewegung*.

Ich bin der Meinung, daß Sinnesreize unserem unbewußten, unterbewußten oder autonomen Funktionieren näherliegen und -gehen als irgendetwas in unserem bewußten Verstehen. Kommunikation durch die Sinne erreicht das Unbewußte unmittelbar und ist daher wirksamer und weniger entstellt als solche durch Wörter. Wörter (hat jemand einmal gesagt) sind eher geeignet, unsere Absichten zu verbergen als sie auszudrücken. Hingegen bin ich noch keinem Wesen begegnet, weder Mensch noch Tier, das eine freundliche Berührung von einer feindseligen nicht unterscheiden kann. Eine Berührung, die auch nur im Hintergedanken unfreundlich ist, wird den derart Berührten mehr oder weniger erstarren machen, wird ihn verunsichern und das Schlimmste erwarten lassen, und er wird daher für eine solche Berührung unempfänglich sein. Durch Berührung können zwei Menschen, Berührender und Berührter, ein Gemeinsames werden: zwei Körper, durch zwei Hände und Arme miteinander verbunden, bilden eine neue Einheit. Diese Hände spüren und führen zugleich. Berührender und Berührter fühlen, was sie durch die verbindenden

Hände spüren, auch wenn sie das, was da geschieht, nicht im gewöhnlichen Sinn erkennen und verstehen. Der Berührte merkt, was der Berührende fühlt, und ändert, ohne zu verstehen, sein Verhaltensmuster, um dem zu entsprechen, wovon er spürt, daß es von ihm erwartet wird. Wohlgemerkt: wenn *ich* jemanden berühre, fordere ich nichts von ihm; ich spüre nur, was – ob er selbst es weiß oder nicht – der andere nötig hat und was in diesem Augenblick zu tun sei, damit er sich besser fühle.

Es ist wichtig, daß Sie verstehen, was ich mit »besser« und »menschlicher« meine. Diese scheinbar so einfachen Wörter werden sehr verschieden verstanden. Die Dinge, die ein Behinderter nicht tun kann, haben für ihn eine ganz andere Bedeutung als für einen gesunden Menschen. Einmal brachte eine Mutter ihren dreizehnjährigen Jungen zu mir. Er war mit seinem rechten Arm voran geboren worden (und nicht, wie sonst meistens, Kopf voran) und er hatte Pech gehabt: ein unerfahrener Arzt – oder wer immer es war – hatte ihn bei dem Arm gefaßt und so in die Welt herausgezogen. Das rechte Schlüsselbein war dabei gebrochen – in diesem Alter kein gravierender Unfall –, aber es war auch ein Plexus brachialis beschädigt worden. Der Arm wurde schlaff und hing hilflos herab, obwohl die Mutter das Kind zu jeder Berühmtheit geführt hatte, die ihm vielleicht hätte helfen können. Ich werde Ihnen ein andermal erzählen, wie der Junge gelernt hat, Auto zu fahren. Heute ist er Vater mehrerer Kinder und Professor für Mechanik.

Nachdem wir uns auf die angedeutete Weise durch Berührung verständigt hatten und gleichsam eins geworden waren, sagte er mir unter Tränen etwas, das Sie nie erraten werden; mich jedenfalls hat es überrascht. Er beklagte sich, daß, er mochte sie provozieren wie er wollte, keiner seiner Mitschüler ihn jemals schlug. Ihnen war eben von Eltern und Lehrern beigebracht worden, daß man ihm nicht weh-tun dürfe, und er war unglücklich bis buchstäblich zur Verzweiflung, weil er von dem Vergnügen, verprügelt zu werden, ausgeschlossen war. Überlegen Sie sich jetzt ein-mal, was »besser« und »menschlicher« für diesen Jungen bedeutete. Weder seine Mutter noch irgendjemand sonst wußte, was ihm fehlte. Als ich ihn berührte, fühlte er sich wie eins mit mir, spürte, daß ich wußte, wie unglücklich er war, und daß ich kein Mitleid hatte mit ihm; und da konnte er mir gegenüber aussprechen, was er niemandem sonst hatte sagen können. Es war eine nicht-verbale Situation, denn ich hatte ihn ja nichts gefragt. Was war geschehen, das es ihm ermöglicht hatte, zu weinen und dann sich auszu-sprechen?

Aus Paris wurde ein fünfzehnjähriges zerebralgelähmtes Mädchen zu mir gebracht. Seine Mutter, Rektorin eines Lyzeums, war unabkömmlich; so brachte es der Vater nach Tel-Aviv, in Begleitung der Großmutter, die dann bei ihm blieb. Auch dieses Kind wartete mit einer Überraschung auf: es wollte Tänzerin werden, – ein Mädchen, dessen Fer-sen nie den Boden berührt hatten und dessen Knie, die es gar nicht beugen konnte, bei jedem Schritt zusammen-schlugen. Wenn Sie je einen zerebralgelähmten Menschen gesehen haben, dann werden Sie sich seine Arme, seine Wirbelsäule, seinen Gang vorstellen können. Niemand, der seine fünf Sinne und seinen Verstand beisammen hat, wäre auf den Gedanken gekommen, daß dieses Mädchen sich seines Zustandes gar nicht bewußt sein könnte. Ihm zu helfen, das zu werden, was es werden wollte, das war nun meine Aufgabe, nicht mehr und nicht weniger. Und einige Jahre später hat es in Paris tatsächlich tanzen gelernt. Was mögen »besser« und »menschlicher« für dieses Mädchen bedeuten?

Ich hoffe, Sie schließen aus alledem nicht voreilig, daß

ich mit lauter Lahmen und Krüppeln zu tun habe. Für mich sind sie Menschen wie alle, die besser und menschenmäßiger sein möchten. Viele Ärzte, Schauspieler, Dirigenten, Athleten, Ingenieure, Psychiater, Architekten, Hausfrauen – die ganze Skala möglicher Berufe und Lebensweisen überhaupt –, sie alle spüren, daß es wünschenswert sei, besser und auf irgendeine Weise menschlicher zu sein.

Tatsächlich würde ich, wenn gewöhnliche intelligente Menschen klüger wären, vor allem ihnen meine Aufmerksamkeit widmen. Ihre Weiterentwicklung würde uns allen zugute kommen.

Als ich auf diese Art mit Menschen zu arbeiten begann, geschah dies mit Professor J. D. Bernal, einem Mann von fast universeller Bildung; mit Lord Boyd-Orr, Professor der Medizin und erster Präsident der Welt-Gesundheitsorganisation; mit dem Leiter des Weitzmann-Instituts, Professor Aaron Katzir; und mit David Ben Gurion, dem Gründer des Staates Israel: lauter hervorragende Menschen, berühmt, erfolgreich und sozial integriert. Erfahrung hat mir aber gezeigt, daß erfolgreiche, hochintelligente, bedeutende Menschen sich oft keine Zeit für ihre eigene Weiterentwicklung nehmen. Sie meinen, ihre Arbeit sei schon ihr ganzes Leben, und gehen allzu oft über sich selbst hinweg. Solche Menschen hören auf mich ernsthaft erst dann, wenn sie von irgendwelchen Beschwerden heimgesucht werden. Trotzdem habe ich, im Lauf der Jahrzehnte, ihrer unzählige aufgrund ihres gelegentlichen Mißgeschicks erreicht. Es ist zwar betrüblich, zugeben zu müssen, daß ich erst durch die Arbeit mit »Behinderten« habe lernen können, wie auch »normalen« Menschen zu helfen ist; aber zum Glück stimmt diese Verallgemeinerung nicht ganz.

Es ist mir ebenso wichtig, Sie an einigen meiner Gedanken und Erfahrungen teilhaben zu lassen, wie für Sie, diese zu verstehen. Mag sein, daß sie Ihnen helfen, Ihre Lebenserfahrung zu verbessern, wie sie vorher mir geholfen haben. Vielleicht lernen Sie, mehr so zu leben wie Sie sichs wünschen; vielleicht werden Ihre Träume genauer, klarer und – wer weiß – sogar Wirklichkeit.

Während ich dies schreibe, sind mir nur einige meiner Körperteile gegenwärtig und auch nur einiges von meiner Tätigkeit. Ebenso sind Ihnen, während Sie lesen, nur einige Teile Ihrer selbst und Ihrer Tätigkeit bewußt. In Ihnen wie in mir geht dabei eine immense Tätigkeit vor sich; sie ist viel größer, als wir sie empfinden oder merken. Diese Tätigkeit hängt zusammen mit dem, was wir im Lauf unseres ganzen bisherigen Lebens *gelernt* haben, von der ersten Zellteilung an bis zu diesem Augenblick.

Unsere Handlungen hängen zum Teil von unserer Erbmasse ab; ferner von dem, was wir im Lauf unseres Lebens erlebt haben; von dem Bild, das wir uns von uns gemacht haben; von den physischen, kulturellen und den (im weitesten Sinn) sozialen Umständen, unter denen wir herangewachsen sind, und von denen, die unsere jetzige Umwelt ausmachen.

Die Aktivität in uns, die mich schreiben und die Sie lesen macht, ist vorwiegend autonom; von einigem, was da vorgeht, läßt sich sagen, es sei unbewußt, von anderem, es sei absichtlich. Während ich schreibe, scheint meine bewußte, absichtliche Tätigkeit die einzige zu sein, die mich etwas angeht. Manchmal aber muß ich auf meine Rechtschreibung achten oder auf die Wortfolge. Ich fühle, daß ich Wörter meinen Gedanken anpasse. Wörter sind nicht immer eindeutig, und ich möchte mich klar ausdrücken. Trotzdem bin ich nicht sicher, ob ich für Sie die richtigen Wörter wähle: ob, was Sie unter »autonom« und »unbewußt« oder »bewußt« und »absichtlich« verstehen, auch das ist, was ich Ihnen mitteilen möchte.

Seit vielen Jahren arbeite ich mit Menschen, die bei mir Hilfe suchen. Manche klagen über körperliche Leiden, andre über geistige Nöte, die wenigsten über emotionale Schwierigkeiten oder Störungen. Ich habe Mühe, ihnen und meinen Anhängern beizubringen, daß ich kein Therapeut bin und daß, wenn ich jemanden mit meinen Händen anfasse, dieses Berühren keinerlei therapeutischen Wert, keine Heilwirkung hat, obwohl es beim Berührten zu Besserungen führt. Was dabei geschieht, ist, meines Erachtens, daß er *lernt;* aber kaum einer will das wahrhaben. Was ich da tue, hat keinerlei Ähnlichkeit mit irgendeinem Unterricht, wie wir ihn heute kennen. Ich möchte betonen: es handelt sich dabei mehr um den Lernprozeß als um eine Technik des Lehrens. Nach jeder Sitzung haben meine Schüler ein neues Gefühl des Wohlbefindens: sie fühlen sich größer, leichter und atmen freier. Oft reiben sie sich die Augen, als ob sie aus einem festen, erfrischenden Schlaf erwacht wären, und die meisten sagen, sie fühlten sich entspannt. Der Schmerz ist immer gelindert, oft verschwunden. Fast immer verschwinden auch einige Falten und Fältchen im Gesicht. Die Augen werden heller und größer, die Stimme wird etwas tiefer und hat mehr Resonanz. Der Schüler wird wieder jugendlich.

Wie können durch bloßes Berühren eines Körpers derartige Veränderungen in Stimmung und Haltung zustandekommen? Meine Schüler möchten mir einreden, ich hätte heilende Hände. Aber ich habe in Israel, den U.S.A. und anderswo Studenten beigebracht, das gleiche zu tun; haben sie nun alle »heilende Hände«? Ausgewählt wurden sie nach ihrer Vorbildung und nach ihrem Wunsch und ihrer Fähigkeit zu lernen. Zu Beginn der Ausbildung, um meinen Studenten zu erklären, was zwischen mir und meinen Klienten vor sich geht (ich sage nur ungern Klienten, sage es hier, um Sie nicht zu verwirren, denn in Wirklichkeit sind sie Schüler, die durch mich lernen), pflege ich ihnen folgende Geschichte zu erzählen:

Stellen Sie sich eine Party vor, auf der getanzt wird; unter den Gästen einen Mann, der aus Gründen, die nur er kennt, niemals tanzt, und eine Frau, der er immerhin so sympathisch ist, daß sie ihn überredet, aufs Parkett zu gehn. Irgendwie, indem sie sich bewegt, gelingt es ihr, daß auch er sich in Bewegung setzt. Der Tanz ist nicht besonders kompliziert, und nach wenigen Augenblicken des Unbehagens sagt ihm sein Ohr, daß ihre Bewegungen etwas mit der Musik zu tun haben, d. h., er merkt, daß sie rhythmisch sind. Trotzdem ist er erleichtert, als es vorbei ist und er zurückkehren kann an seinen Platz. Da es bei diesem einen Tanz nicht bleibt, merkt er im Laufe des Abends, daß er ihren Bewegungen und Schritten immer leichter folgen kann, und sogar ohne ihr auf die Füße zu treten. Halb denkt er, halb fühlt er, daß ers vielleicht doch nicht so schlecht gemacht hat; obwohl er weiß, daß er noch immer nicht tanzen kann.

Die Fortschritte, die er auf der nächsten Party macht, bringen seine Überzeugung, daß Tanzen nichts für ihn sei, ins Wanken. Und als er auf einer weiteren Party eine Frau allein abseits sitzen sieht wie früher er selbst, fordert er sie zum Tanz auf, allerdings nicht ohne ihr zu versichern, daß er ein schlechter Tänzer sei. Seither tanzt er und denkt gar nicht mehr daran, sich vorher zu entschuldigen.

Bedenken Sie einmal, wie die Frau, die tanzen konnte, ihren Schüler oder »Klienten« zum Tanzen gebracht hat, ohne ihn über Zeitmaß, Rhythmus, Tanzschritte usw. zu belehren. Ihre freundliche Art und ihre Erfahrung haben bewirkt, daß er ohne eine Spur formellen Unterrichts gelernt hat. Es kann also eine bestimmte Art von Wissen von einem Menschen zum andern gelangen auch ohne »heilende Hände«. Zuerst aber mußte der Mann gelernt haben, seine Arme und Beine und den ganzen, beträchtlichen Rest überhaupt zu gebrauchen, damit freundliche Berührung ihm helfen konnte, jene Erfahrungen anzuwenden und tanzen zu lernen. Er hat es erlernt, obwohl er von seiner Fähigkeit dazu keine Ahnung hatte.

Wenn ich sage, daß ich mit Menschen arbeite, dann meine ich damit, daß ich mit ihnen tanze in diesem Sinn. Ich stelle einen Zustand her, in dem sie etwas tun lernen, ohne daß ich sie dabei mehr oder merklich anders lehre als jene Frau ihren Partner. Wir tun vieles und vielerlei, ohne bewußt zu wissen, wie wir es tun; darauf werden wir noch ausführlich zurückkommen. Wir sprechen, und wissen nicht wie. Wir schlucken, und haben keine Ahnung wie wir uns dabei anstellen. Stellen Sie sich vor, Sie versuchen, einem Marsmenschen zu erklären, wie unsereins schluckt, und Sie werden begreifen, was ich mit »wissen« meine. Einige unsrer geläufigsten Handlungen scheinen leichter einzusehen, z. B. das Sich-Hinsetzen auf einen Stuhl oder das Aufstehen. Aber sind Sie wirklich sicher, daß Sie wissen was Sie tun, wenn Sie aus dem Sitzen aufstehn? Welcher Teil Ihres Körpers setzt die Bewegung in Gang? Ist es das Becken? sind es die Beine? ist es der Kopf? Was spannen Sie dabei zuerst an: die Bauchmuskeln oder die Strecker im Rücken? Wir können die Bewegung durch bloße Absicht ausführen und nicht wissen, wie wir dies tun. Glauben Sie, daß wir es wirklich zu wissen brauchen? Angenommen, jemand könnte aus irgendeinem Grund nicht aufstehn (und dafür gibt es mehr Gründe als es zuerst scheinen mag) und er bittet Sie, ihm zu helfen: Sie könnten ihm zeigen, daß Sie aufstehn können; aber das hat er schließlich gewußt. Es sieht also ganz danach aus, daß Sie zwar tun, aber nicht erklären können. Angenommen nun, Sie benötigten solch eine Erklärung. Denn ohne zu wissen, wie wir etwas tun, können wir ja auch nicht sicher sein, daß wir es so gut machen, wie es unseren latenten Fähigkeiten nach möglich wäre. Gewiß, die meisten einfachen Handlungen führen wir für unser Bedürfnis gut genug aus. Und doch fühlt jeder von uns, daß er manches besser tun möchte. Woher dieses Gefühl? Irgendwo steckt in uns ein Maßstab, der uns sagt, wir blieben hinter unseren Möglichkeiten zurück und wüßten nicht, wie wir zu ihnen gelangen könnten. So richten wir unser Leben um die Tätigkeiten ein, die wir zu unserer Zufriedenheit ausüben können, und meiden solche, für die wir uns nicht geschickt fühlen. Zu uns selbst sagen wir, daß Dinge, welche wir ungeschickt tun, unserem Charakter nicht gemäß und uninteressant seien, – und meistens haben wir Wichtigeres zu tun.

Ich habe lange Jahre nicht gezeichnet; denn in jener guten alten Zeit gab es in den Schulen keinen Zeichenunterricht. Vielmehr hatte man sich dort auf ein tätiges und der Gesellschaft nutzbringendes Leben vorzubereiten. Als nun nach dem Zweiten Weltkrieg mein Buch *Body and Mature Behaviour* erschien, ahnte ich gar nicht, daß ich damit meiner Zukunft eine neue Richtung gegeben hatte. Eines Morgens rief mich ein Londoner Arzt an, sagte mir, er habe das Buch gelesen und würde gerne wissen, ob ich bei Heinrich Jacoby studiert hätte; er habe in dem Buch einiges wiedergefunden, das er von diesem großen Lehrer gelernt hatte. Er konnte kaum glauben, daß ich Jacobys Namen zum ersten Male hörte, und erbot sich daraufhin, mich mit Jacoby zusammenzubringen. Heinrich Jacoby lebte damals in Zürich und war viel älter als ich, nicht nur an Jahren. Ich empfand das deutlich, als ich erfuhr, daß er das, was ich für meine eigene Entdeckung hielt, auf seine Weise schon seit vielen Jahren in Gruppen lehrte; er hatte hervorragende Schüler, darunter auch Wissenschaftler, Ärzte und Künstler.

Wenige Monate nach diesem Anruf benützte ich meinen

jährlichen Urlaub von dem physikalischen Forschungslabor, in dem ich damals arbeitete, um Jacoby aufzusuchen. Gern würde ich Ihnen erzählen, was alles in den drei Wochen, die ich mit ihm verbrachte, geschah; all die Gespräche und wechselseitigen Unterrichtsstunden, die uns oft die Zeit so sehr vergessen ließen, daß wir die Sonne aufgehen sahen, bevor wir schlafen gingen. Es würde mehr als einen dicken Band füllen, wenn ich alles aufzeichnen wollte, was ich von ihm gelernt habe, und obendrein noch das, wovon er sagte, er habe es von mir gelernt. Meine erste Erfahrung im Zeichnen aber möchte ich Ihnen doch erzählen. Sie betrifft jene Art des Lernens, mit der wir es hier zu tun haben.

Ich war ein Athlet von einigem Ruf und kräftig gebaut. Jacoby war ein kleiner, beinahe schmächtiger Mann, der, wie er mir erzählte, erst im Alter von sieben Jahren gehen gelernt hatte. Er war bucklig, bewegte sich aber mit großer Anmut. Dennoch war mein erster Eindruck, daß er mir nicht gewachsen sei. Ich empfand das irgendwo im Hintergrund meines Bewußtseins, obwohl ich nach wie vor überzeugt war, daß es richtig gewesen war, ihn aufzusuchen. Eines Tages gab er mir ein Blatt Zeichenpapier, Holzkohle, ein Stück weiches Brot zum Radieren und forderte mich auf, die Lampe zu zeichnen, die auf dem Klavier vor mir stand. Ich sagte, daß ich, außer den Zeichnungen für mein Ingenieur-Diplom, noch nie gezeichnet hätte; das seien technische Zeichnungen gewesen, und es sei schon lange her. Er sagte, daß er das wisse, daß ich es aber trotzdem versuchen möge, er wolle mich nicht einfach zeichnen sehen, sondern habe anderes im Sinn. Ich zeichnete also einen senkrechten Zylinder mit einem abgeschnittenen Kegel am oberen und einer Art Ellipse als Fuß oder Ständer am unteren Ende. Mir kam das wie eine Stehlampe vor, so gut wie eine von mir gezeichnete Stehlampe eben sein konnte. Jacoby sah sich die Zeichnung an und sagte dann, daß dies der Gedanke »Lampe« sei, nicht aber diese Lampe. Nun merkte ich, daß ich, vom Wort verleitet, den abstrakten Begriff »Lampe« gezeichnet hatte. Ich sagte ihm, das, was er von mir erwartete, könne nur ein Maler machen und ich, wie ich ihm vorweg gesagt hatte, sei kein Maler.

Er aber bestand darauf, daß ich es nochmals versuchte und diesmal nur das zeichnete, was ich sah, und nicht das, was ich, ohne geschaut zu haben, von vornherein zu sehen glaubte; ich aber hatte keine Ahnung, wie man zeichnet, was man sieht. Meiner Meinung nach – die vielleicht auch die Ihre ist – verlangte er von mir, daß ich ein Maler sei, und ich war kein Maler. »Sagen Sie mir, was Sie sehen.« »Eine Lampe«, sagte ich. »Sehen Sie irgendwelche der Umrisse, die Sie gezeichnet haben?« Ich mußte zugeben, daß ich in meiner Zeichnung keine einzige Linie der wirklichen Lampe entdecken konnte. Nur die Proportionen stimmten mit denen der Lampe vor mir mehr oder weniger überein. »Sehen Sie überhaupt Linien?« Wieder mußte ich zugeben, daß keine der Linien meiner Zeichnung bei der wirklichen Lampe vorhanden war. »Wenn Sie keine Linien sehen, was sehen Sie denn? Was pflegen Ihre Augen sonst wahrzunehmen? Sie sehen doch Licht, nicht wahr? Warum zeichnen Sie dann nicht die helleren und dunkleren Flächen, wie Sie sie sehen? Sie haben Holzkohle in der Hand, und wenn Sie davon zuviel aufs Papier tun, können Sie den Überschuß mit dem Brot entfernen und so eine Abstufung in der Tönung der Flächen erreichen, bis diese dem ähnlicher werden, was Sie sehen.«

Ich nahm ein neues Blatt. Diesmal fing ich mit den dunklen Stellen an: dort, wo kein Licht war, trug ich reichlich Holzkohle auf und entdeckte nun bald, daß die hellsten Stellen diejenigen waren, die ich freigelassen hatte. Der Ständer war kein Zylinder, der Lampenschirm kein abgeschnittener Kegel, der Fuß keine Ellipse. Was ich beim Anblick des Blattes empfand, war seltsam genug. Hier hatte ich Flächen mit Holzkohle geschwärzt, dort die Kohle verwischt oder mit dem Brot, das ich mit den Fingern geknetet hatte, wieder entfernt, und was da jetzt vor mir lag, war keine Zeichnung von mir, sondern ein Bild, von dem ich gemeint hätte, es könnte nur von einem Maler sein. So zu denken, hatte ich bisher nicht einmal versucht. Ich hätte es als Betrug empfunden, vorzugeben, daß ich sei, was ich nicht war.

Ich glaube, Sie verstehen die Wandlung, die damals in mir vorgegangen war. Ich bin kein Maler; aber wer ist einer? Wenn ich wie ein Maler handle, so ist das Ergebnis etwas, das nur ein Maler machen kann. Werde ich dadurch verändert? Verliere ich meine Identität? Im Augenblick selbst dachte ich natürlich nicht in diesen Begriffen; aber ich fühlte mich verunsichert durch die Veränderung, die Jacoby durch seine Fragen in mir bewirkt hatte. Er hatte mir nicht gezeigt, wie es zu machen sei. Erinnern Sie sich an den Tänzer und die Frau? Sehen Sie in diesen beiden Beispielen von Lernen, so verschieden sie auch scheinen mögen, etwas Gemeinsames? Ich ja.

Ich verabschiedete mich von Jacoby und kehrte in mein Zimmer zurück. Dort stand auf dem Tisch ein gläserner Krug, zur Hälfte mit Wasser gefüllt. Er stand da wie eine Herausforderung, und in mir war etwas wie eine Überzeugung, die sich als Drang äußerte, den Krug auf einem Blatt abzubilden. Und etwas kindisch dachte ich auch, ich würde Jacoby zeigen können, daß ich nicht ganz so ungeschickt wäre, wie ich ihm scheinen mußte. Ich zeichnete überhaupt keine Linien, sondern machte da und dort nur Andeutungen, und alles übrige waren helle und dunkle Flecken. Als es fertig war, konnte man den Wasserspiegel sehen, das Spiel des Lichts im Wasser deutlich unterscheiden vom

Licht auf dem Glas, obwohl beides durchsichtig war. Ich hatte das Gefühl, ein Meisterwerk geschaffen zu haben und daß ich um mindestens zehn Zentimeter größer geworden wäre.

So kam ich darauf, daß der Qualität des Maler-Seins keine Grenzen gesetzt sind, wie sich das im Malen zeigte. Und ich muß mich zurückhalten, um Ihnen nicht noch zu erzählen, wie ich immer mehr Maler wurde während der wenigen Wochen, da ich mit Jacoby »tanzte«. Er hat mir nie gezeigt, wie man zeichnet oder malt, und er hat mich nie belehrt. Ohne es auch nur zu erwähnen, weckte er in mir die Frage, warum ich beim Zeichnen meiner eigenen Lehre nicht gefolgt war.

Er hat mir nie gezeigt wie es geht, er hat mich nie belehrt – er hat durch Tragen einer neuen Sichtweise eine Veränderung in mir bewirkt

Der Organismus

Alles Leben wird von ein paar Faktoren bestimmt, die allgemein gelten. Sie haben schon vor rund zwei Milliarden Jahren mit der Bildung der ersten lebenden Zelle etwas zu tun gehabt. Die erste lebende Zelle brauchte Schutz vor der Strahlung, durch die sie entstanden war und von der sie ebenso leicht hätte wieder zerstört, getötet werden können. Form, Oberflächenspannung, das Verhältnis der Oberfläche zum Volumen, die Schwerkraft, innere Prozesse, äußere Veränderungen und Einwirkungen: dies alles ist heute ebenso vorhanden und wirksam wie eh und je. Die Grenze einer lebenden Zelle – und jedes Wesens – vermittelt nach wie vor zwischen innerem und äußerem Leben, wie schon zur Zeit ihres Ursprungs. Von einigen dieser Faktoren soll hier die Rede sein.

Eine bloße Vereinigung von Zellen ist noch kein Gewebe. Sie ist es ebensowenig wie eine bloße Vereinigung von Neuronen ein Gehirn ist. Ein Haufen Ziegelsteine ist noch kein Haus. Die Eintragungen in einem Wörterbuch sind nur einzelne Wörter ohne Zusammenhang; aber aus einer kleineren oder größeren Anzahl von ihnen kann man einen Satz bilden. Und der Satz ist dann etwas anderes als die bloße Aufeinanderfolge der Wörter, aus denen er besteht. Der Funktionszusammenhang, in den sie im Satz gebracht werden, bestimmt auch die Funktion der einzelnen Wörter oder, anders gesagt, verändert ihren Sinn. Wenn eine Anzahl identischer Teilchen oder Einheiten sich verbindet und zusammenwirkt, dann entsteht etwas Höheres in dem Sinn, daß eine neue Qualität auftritt, die in keiner der einzelnen

Einheiten getrennt vorhanden war. Dieses Höhere entsteht, wenn die Einheiten sich zu gemeinsamer Tätigkeit vereinen oder gleichem Druck ausgesetzt werden. Ziegel, die als eine Lasten tragende Struktur zusammenwirken, bilden ein Gebäude; eine Vereinigung von Zellen kann z. B. zu einer Leber werden. Zellen verbinden sich gruppenweise, um Organe zu bilden, wie sie in allen Säugetieren vorhanden sind. Organe ihrerseits gruppieren sich, um Organismen zu bilden, die auf einer höheren Ebene stehen als die einzelnen Organe.

Bakterien, Algen und allen lebenden Einheiten überhaupt sind drei Tätigkeiten gemeinsam: 1. Fortpflanzung, 2. Lebensunterhalt und 3. Selbsterhaltung. Fortpflanzung ist von Zeit am wenigsten bedroht. Atmen, Trinken und Essen ziehen dem Leben eine schon engere Grenze. Versagt die Selbsterhaltung, so kann dies innerhalb des Bruchteils einer Sekunde den Verlust des Lebens bedeuten. Diese drei Phänomene sind sowohl bei Pflanzen als auch bei Tieren zu beobachten, mit dem Unterschied, daß Pflanzen sie passiv bewältigen. Ohne die Einwirkung von Wind, Regen, Insekten, Tierpelzen und zahlreichen anderen Trägern und aktiven Elementen würde die Vegetation aufhören, sich fortzupflanzen und von der Erde verschwinden. Hingegen sind sämtliche Tiere aktiv, um die drei Grundbedingungen durch (4.) Selbstbewegung zu erfüllen, die auch Selbst-Leitung oder Selbst-Lenkung ist. Bewegung ist daher der wichtigste Schlüssel zum Tierleben.

Das erste Stückchen Materie, das eine es umhüllende Membran hatte, die es von der übrigen Welt trennte, hatte Gestalt und wurde zum ersten Einzelwesen. Der Kosmos, in dem diese Membran enthalten war, sicherte diesem Wesen die Zufuhr weiterer Materie, um ihm die zur Selbstbewegung nötige Energie zu liefern, wie auch die Ausscheidung energieentleerten Stoffes in die Außenwelt und die

Entfernung der durch den Stoffwechsel entstandenen Gifte und toter Teilchen. Jedes Lebewesen hat eine Grenze, die es von der übrigen Welt trennt. Was innerhalb dieser Grenze ist, hat Struktur. Funktion der Struktur ist es, die Selbstbewegung, d. h. die Tätigkeit des Wesens, zu sichern. Wenn jegliche Funktion aufhört, bleiben nur Form und Struktur: das Wesen ist dann tot. Das Aufhören jeglicher Bewegung ist das Ende des Lebens selbst.

Nicht nur ist Leben komplex von Anfang an, es neigt auch dazu, sich zu immer größerer Komplexität zu entwikkeln: eine Eigenschaft, die für das Leben unerläßlich zu sein scheint, wenn es fortdauern soll. Jede Tiergattung hat ihre eigene Art der Fortbewegung, die ihr zur Erhaltung der drei übrigen lebensnotwendigen Faktoren dienlich ist. Darin liegt die Komplexität. Strukturen und Funktionen hängen voneinander ab und stehen in enger Wechselbeziehung zur Umwelt. Ohne Licht von angemessener Wellenlänge gäbe es keine Augen und kein Sehen; und es gibt ja auch elektromagnetische Schwingungen oder Wellen, die ober- und unterhalb des Spektrums menschlichen Sehens liegen. Überdies wird Licht stärker und schwächer, und Gegenstände können groß oder klein, nah oder fern sein. Diese Faktoren, zusammen mit dem Unterscheiden verschiedener, oft sehr fein nuancierter Farben, geben nur eine erste Andeutung davon, wie komplex die Entstehung des Sehens ist und der Form der Augen obendrein.

Alle Tiere führen ein Leben als Embryo, bevor sie physisch von dem Zeugen getrennt werden, der immer dabei ist, um sie in die Außenwelt zu geleiten. Das Strukturgefüge des Embryos wächst und funktioniert rudimentär in einer Umgebung, die einfacher und gleichförmiger ist als die der Außenwelt. Es liegt auf der Hand, daß nur eine irgendwie geordnete Entwicklung zwei Zellen zu einem Säugetier oder gar zu einem Menschen werden lassen kann.

Das Wort, das einem hierfür am ehesten in den Sinn kommt, ist »Kontrollen«; Kontrollen, welche für die ordnungsgemäße Entwicklung der Strukturen sorgen, für die Entwicklung ihrer Form und für die schrittweise Verbesserung ihres Funktionierens. Mit zunehmender Komplexität der Gattung bildet sich eine besondere Struktur, um die dem Organismus nötigen Kontrollen zu sichern. Die Nervengewebe, mit ihren Synapsen, Dendriten, Schaltungen aller Arten, funktionieren zu diesem Zweck. (Ist das eigentlich ein »Zweck«?)

In der Biologie wie in der Kybernetik bedarf es einer Kontrolle nur, wenn eine bestimmte Funktionsweise bevorzugt wird. Tiere bevorzugen den optimalen Modus oder Zustand, und jede Abweichung vom Optimum wird korrigiert. Da auf allen Ebenen buchstäblich Tausende von Abweichungen vorkommen – strukturelle wie funktionelle, bei den Zellen wie im Kreislauf –, sind auch die Kontrollen zu einer Hierarchie organisiert.

Die Begriffe der Kontrolle und der Hierarchie sind hier ohne die Gefühle zu denken, welche ihnen in gewöhnlicher Rede anhaften. Wenn der Organismus auf einer Bananenschale ausrutscht, dann ist die oberste Kontrolle im Gehirn, die die absichtlichen Bewegungen regiert, zu langsam, um einen Sturz zu verhindern. Sie wird sich abschalten und damit einer älteren Schicht erlauben, die Kontrolle zu übernehmen. Schichten, die primitiver und entwicklungsgeschichtlich älter sind, haben kürzere Verbindungsleitungen und sind schneller. In den Kontrollen und der Hierarchie gibt es also geordnete Zusammenarbeit, um dem Einzelnen eine optimale Existenz zu sichern.

Wachstum und Entwicklung der Hierarchie, der Kontrollen, der Nervengewebe, welche sie organisieren, wie auch des ganzen übrigen Organismus (der Knochen, Muskeln und inneren Organe) sind verbunden mit dem Reagieren auf die Umwelt und der Anpassung an sie, um sie zu bewältigen. Um während des Wachstums ein optimales Funktionieren zu erreichen, bedarf es einer beständigen Veränderung, und zwar in Richtung auf das Bessere hin. Ein derart komplexer Prozeß wird Fehlleistungen berichtigen müssen und fortschreiten, ohne auf einen bestimmten Zweck hin gerichtet zu sein. Es ist ein Lernprozeß, der von der formellen, schulischen Erziehung grundverschieden ist: er befaßt sich viel mehr mit dem *Wie* des Tuns als mit dem *Was*. Eine eingehende Untersuchung dieser Dinge ist grundlegend und unerläßlich.

So komplex ist dieser Prozeß, daß er die Möglichkeiten des Mißlingens miteinschließt. Ein Optimum an Struktur, Form und Funktion ist unter gewöhnlichen Umständen äußerst selten zu finden. Dysfunktion bei Bewegung, Regressionen und unvollständige Entwicklungen gehören zur Regel. Weil dies so ist, ist es auch möglich, normalen Menschen zu einer optimalen Entwicklung zu verhelfen, die sie sonst nicht erreichen würden.

Ein Nervensystem wie das des Menschen, das aus einer astronomischen Anzahl von Zellen besteht ($3 \cdot 10^{10}$), ist fähig, in einer großen Anzahl verschiedener physischer Welten zu leben. Die Erfahrungen der Astronauten haben gezeigt, daß unser Nervensystem und ihm verwandte die Aufhebung der Schwerkraft und das Fehlen optischer und akustischer Reize ertragen können. Damit das System arbeitet, genügt es, irgendeine Tätigkeit anzufangen, bei der die Auslöser in hinreichend kurzen Intervallen aufeinander folgen.

Ich glaube, daß unser Nervensystem in tausend verschiedenen Welten gleich gut funktionieren, daß es unter jeglichen Bedingungen, unter denen Leben möglich ist, heranwachsen, sich entwickeln und anpassen, tätig sein würde. Wie es ja auch so »verdrahtet« ist, daß es jede beliebige der vieltausend Sprachen und Dialekte erlernen kann, die es auf der Welt gibt.

Wir sind uns selbst so vertraut, daß wir die Tragweite dessen, was ich da gesagt habe, gar nicht merken. Was heißt es, daß ein Nervensystem funktioniert? Was ist an Nervensynapsen und -zellen so Besonderes, daß sie in primitiver oder komplexer Form in jedem Lebewesen vorkommen? Sind sie notwendig, damit Leben überhaupt möglich sei?

Sieht man von einigen wenigen Phänomenen wie dem Wechsel von Tag und Nacht und den Mondphasen ab, so ist der Kosmos – das Wort bedeutet im Griechischen »Ordnung« – keineswegs ordentlich. Ich bin auch nicht sicher, daß einfachere Nervensysteme in diesen Phänomenen eine Ordnung gewahren. Meteoriten fallen sehr zufällig und ohne Ordnung. Sonnen bilden und lösen sich auf in einer Weise, die sich mit der Vorstellung von Ordnung nicht vereinbaren läßt. Auch am anderen, dem mikroskopischen Ende scheinen Zufall und Unordnung zu herrschen. Niemand kann voraussagen, welches Atom zu Radium oder sonst einem radioaktiven Stoff zerfallen wird. Auf allen Gebieten der stofflichen Welt – der Gase, Flüssigkeiten oder wo auch immer – läßt sich über das einzelne Molekül oder Atom nichts voraussagen; da ist nichts geordnet, stabil oder unveränderlich. Weder Winde noch Sonnen noch Erdbeben führen eine geordnete Existenz.

Nerven-Strukturen streben nach Ordnung. Sie finden sie, wann und wo immer sie vorhanden ist, und wo es sie nicht gibt, schaffen sie sie. Nur eine hochkomplexe Vereinigung von Nerven, die aus so vielen Einheiten zusammengesetzt ist, wie dies bei den meisten Lebewesen der Fall ist, braucht eine beständige, feste Umgebung. Primitive Systeme spielen nicht Tennis, noch schwingen sie sich von einem Ast über zehn Meter hinweg zum nächsten. Primitive Systeme sind langsamer und weniger abhängig von organisierenden Konstanten. Alle Lebewesen sind zunächst kleiner und schwächer, als wenn sie erwachsen sind; die einen für kürzere, die andern während längerer Zeit. Schwache Organismen brauchen eine mehr oder weniger feste, gleichbleibende Welt, um lernen und zu einem kräftigen Organismus heranwachsen zu können. Der Organismus ist schon in sich eine Welt von Mikro-Wesen, die Beständigkeit, Ordnung, Unveränderlichkeit, Homöostase brauchen, um überhaupt zu existieren.

Es ist eine Binsenwahrheit, daß nur ein Gehirn denken und abstrahieren, träumen und sich erinnern kann und vieles andere mehr. Ein Nervensystem schafft Ordnung in den zufälligen, unablässig wechselnden Reizen, die es berieseln oder durch die Sinne erreichen. Außerdem ist ein lebender Organismus ununterbrochen in Bewegung, und das Nervensystem muß die durch diese Bewegung sich verändernde Welt und seine eigene Beweglichkeit ordnen, um sich in diesem wirbelnden Durcheinander zurechtzufinden. Wenn nichts sich je wiederholte, wie könnten wir überhaupt lernen?

Es gibt ein Mittel, um diese herkulische Leistung zu vollbringen. Es ist das Mittel, auf das wir am wenigsten gefaßt sind, nämlich Bewegung. Bewegung ist dem lebenden Organismus unerläßlich, um in der wechselnden, bewegten Umwelt stationäre Vorkommnisse zu bilden, die sich wiederholen; denn auch wenn wir auf Lebloses stoßen oder auf reglose Vegetation, so sind unsere Sinneseindrücke noch immer in Bewegung, da ein Organismus, solange er nicht tot ist, nie völlig reglos ist.

Professor Heinz von Foerster, vom Biologischen Computer Laboratorium der Universität Illinois, hat mir und meinen Studenten folgendes erzählt:

In einer Abhandlung aus dem Jahre 1887 erklärt Henri Poincaré, daß die Abbildung des dreidimensionalen Raums auf der Netzhaut nur

zwei Dimensionen hat und daß die Gestalt des Abbildes auf der Netzhaut nicht so gleichmäßig geformt ist wie im Raum. Bewußtheit der
fehlenden dritten Dimension (sagt Poincaré) entsteht durch die Kon-
vergenz beider Augen und durch ihre Anpassung; und beides ist *de
facto* nicht eine optische Wahrnehmung, sondern eine Muskelempfin-
dung. Bewußtheit der Richtung erfordert die Bewegung des Kopfes.

Kopfbewegungen bedürfen der Anpassung der Augen.
Wenn Kopf und Augen unbeweglich wären, würden wir
optisch nicht dreidimensional wahrnehmen. Ich habe seither Poincarés Buch *La Science et l'hypothèse* gelesen. Er
zeigt, daß unsere Wahrnehmung des Raumes ebenso von
Bewegung mitbestimmt wird wie unsere Wahl der eukli-
dischen Geometrie. Es ist ein ungemein fesselndes Buch
und heute so lesenswert wie zur Zeit als es geschrieben
wurde.

Ich möchte noch ein weiteres Beispiel von Poincarés
Scharfsinn erzählen. Zu seiner Zeit bestand die For-
schungsarbeit der Gehirnphysiologen hauptsächlich darin,
ein Stückchen Gehirn zu entfernen, die dadurch betroffene
Funktion zu beobachten und so diese Funktion im Gehirn
zu lokalisieren. Poincaré fand dieses Vorgehen wissen-
schaftlich ungenügend und zweifelte seine Ergebnisse an.
Sein Argument war, daß, wenn jemand das rechte Auge
verliert, sein beidäugiges dreidimensionales Sehen zwar immer betroffen werde, es aber falsch wäre, den Sitz des
dreidimensionalen Sehens deswegen im rechten Auge anzunehmen.

Ein Schweizer Skilehrer – ein Herr Kohler, wenn ich
mich recht erinnere – überredete einige seiner Schüler zu
folgendem Experiment. Er wollte herausfinden, wie wir
uns verhalten würden, wenn unser Gehirn die Außenwelt
so sehen würde, wie sie auf der Netzhaut abgebildet, und
nicht so, wie sie in Wirklichkeit ist. Sie wissen ja, daß die
Linse des Auges – wie jede Linse – das Bild umkehrt, das

durch sie auf die Netzhaut fällt, daß also, wenn wir jemanden stehen sehen, auf unserer Netzhaut sein Kopf unten und seine Füße oben sind. Herr Kohler gab seinen Skischülern Brillen, welche das Bild auf der Netzhaut umkehrten. Wie zu erwarten, stand für ihn wie für seine Schüler zunächst einmal die Welt auf dem Kopf. Die ersten Stunden waren schwierig. Keiner konnte sich frei bewegen, und was immer einer tun wollte, das mußte er sehr langsam tun, um, was er sah, zu entwirren und sich darin zurechtzufinden. Dann geschah etwas Unerwartetes: an seinem eigenen Körper und in dessen nächster Nähe begann jeder alles so zu sehen wie vorher; alles jedoch, was er nicht berührte, blieb verkehrt. Nach und nach, wie sie sich tappend und tastend herumbewegten, um ihren gewöhnlichen Bedürfnissen nachzukommen, drehten sich auch entferntere Gegenstände in ihre gewohnte Stellung um: eins um das andere kamen die Dinge wieder vom Kopf auf die Beine.

Die Brillen wurden während des ganzen Versuchs nicht abgenommen. Nach ein paar Wochen sah alles wieder richtig aus, und die Versuchsteilnehmer konnten alles ohne besondere Überlegung und Vorsicht tun. Aber dann begann es einmal zu schneien, und durch das Fenster sah Herr Kohler, wie die Schneeflocken von der Erde »aufwärts fielen«. Er trat aus dem Haus, streckte seine Arme aus und spürte wie der Schnee auf sie fiel. Er drehte die Hände mit den Handtellern nach oben, und natürlich fiel der Schnee auf sie herunter. Nach nur wenigen solchen Versuchen sah er den Schnee nicht mehr steigen, sondern fallen.

Es gibt noch andere Experimente mit solchen Umkehrbrillen. Eines wurde von zwei Leuten in den USA durchgeführt. Der eine saß im Rollstuhl, den der andere schob, und beide trugen Umkehrbrillen. Der eine, der sich, indem er den Rollstuhl schob, umherbewegte, fing schon nach einigen Stunden an, normal zu sehen und sich ohne viel

Tappen zurechtzufinden, während der andre, der saß und umherbewegt wurde, weiterhin alles verkehrt sah.

Sieht ein Neugeborenes von Anfang an alles richtig, oder muß es vorher die Dinge berühren, um den Eindruck, den es empfangen hat, deuten und ihn seinem Kontrollsinn, dem Tastsinn, anpassen zu können?

Ich vermute, daß bei der Entstehung meiner Außenwelt Bewegung eine große Rolle spielt. Wenn meine Vermutung nicht ganz falsch ist, dann könnte für jedes Lebewesen Bewegung notwendig sein, damit es sich seine objektive Außenwelt bilden kann – und vielleicht auch seine objektive Innenwelt. Wir halten wohl selten inne, um uns zu fragen, ob wir ausschließlich die erwachsene Verwirklichung unseres genetischen Codes (DNS) sind. Es ist das Spermatozoon, das den Stein ins Rollen bringt. Aus einer Unzahl möglicher Alternativen wird die DNS diejenigen auswählen, die zum Code passen. Wir wissen, daß die Verwirklichung des Programms nie ohne das Wachstum des Organismus geschieht, der den genetischen Code trägt. Ferner: Geburt und Wachstum haben immer mindestens einen Zeugen: den, der den Organismus geboren hat. Und schließlich ist uns kein lebender Organismus bekannt, der außerhalb eines Schwerefeldes lebt.

Zusammenfassend: Jeder Körper, der aus zwei Zellen sich entwickelt, enthält ein genetisches Programm. Er entsteht und entwickelt sich in einer Umwelt, in der Schwerkraft und Zeugen unvermeidlich sind. Keiner dieser Faktoren genügt, für sich genommen, um ein Lebewesen zu bilden, das wachsen und heranreifen kann.

Alle Säugetiere haben eine Gestalt, ein Skelett, Muskeln, ein Nervensystem und Eltern. Menschen werden in eine Kultur geboren, in eine menschliche Gesellschaft, die irgendwo auf der Erde ihren Platz hat. Die Erde übt ohne Unterlaß eine Anziehungskraft aus, die nicht ausgeschaltet werden kann und die praktisch überall gleich ist. Obwohl die Knochen, da sie ja wachsen und, wenn verletzt, sich erneuern können, lebender Stoff sind, sind sie doch ein vergleichsweise träger Stoff. Sie können ihre Form, ihre Stellung oder ihre relative Lage zueinander nicht ändern ohne den Zug, den die Muskeln auf sie ausüben. Es gibt große und kleine Muskeln, gestreifte und glatte. Sie alle können nur sich zusammenziehen oder aufhören sich zusammenzuziehen und dadurch in ihre ursprüngliche Länge zurückkehren als Vorbereitung für die nächste Kontraktion. Muskeln können sich nicht zusammenziehen ohne Impulse, die vom Nervensystem ausgesendet werden und die Kontraktion bewirken. (Das stimmt nicht ganz, da die Herzmuskeln sich in den frühen Entwicklungsstadien des Embryos nach einem eigenen Rhythmus zusammenziehen, der gewöhnlich schneller ist als beim Erwachsenen, und das geschieht lange bevor irgendwelche Nerven das Herz erreichen. Es gibt also offenbar noch einen anderen Mechanismus, der Muskelkontraktionen auslöst.)

Es gibt hauptsächlich zwei Arten von Muskelfasern: weiße und rote. Sie unterscheiden sich voneinander nicht nur durch ihre Farbe, sondern auch durch die Dauer, während der sie ihre Kontraktionen halten, wie auch durch deren Häufigkeit. Die Muskeln ziehen sich zusammen, um die Knochengelenke zu schließen oder zu öffnen, und man bezeichnet diese beiden Tätigkeiten als antagonistisch. Es versteht sich von selbst, daß beim Erwachsenen nicht die Muskeln allein bestimmen, ob sie sich zusammenziehen oder, umgekehrt, ihre Kontraktion lösen – was wir dann »Entspannung« nennen.

Das Nervensystem sendet Impulse aus, welche die Muskeln aktivieren und Ursache aller Bewegung sind. Es ist eine überaus komplexe Struktur, die eine ungeheure Vielfalt von Muskeltätigkeiten erzeugt, vom Sehnenreflex über

Zittern und Klonus bis zur fließenden absichtlichen Bewegung. Jede Veränderung in der Konfiguration des Skeletts wird durch ein bestimmtes Schema von Impulsen erzeugt, die an die Muskeln ausgesendet werden. Die Zeit, die sie benötigen, um die verschiedenen Muskeln zu erreichen, und der Grad der Muskelkontraktionen, der von besonderen Mechanismen reguliert wird, werden entsprechend berücksichtigt, so daß das Skelett kleine, zarte, jähe, abgestufte, allmähliche, starke und eine große Anzahl verschiedenster anderer Bewegungen ausführen kann. Bewegungen werden im Raum erzeugt und zu verschiedenen Zeitpunkten. Die Bewegungen des Skeletts, das die Muskeln und das Nervensystem mit sich trägt, geschehen im Raum, zu verschiedenen Zeiten und in einer Umwelt, die eine bestimmte menschlich-soziale Mitwelt und nur selten eine andere ist. Durch Bewegungen ändert der Organismus seinen Ort. Organismus nennen wir das Skelett, die Muskulatur, das Nervensystem und alles, was das Ganze nährt, wärmt, aktiviert und erholt.

Diese Bewegungen bewirken die Fortbewegung des gesamten Organismus im Raum und ändern seine Konfiguration, d. h. die Stellungen seiner Teile zueinander, um die verschiedenen Tätigkeiten auszuführen, die auf die verschiedenen Arten von Umgebung einwirken und durch die der Organismus sich das, was er zum Leben benötigt, verschafft. Es wirken also, solange in dem Organismus Leben ist, eine unaufhörlich sich ändernde Umwelt und ein unaufhörlich sich verändernder Organismus wechselseitig aufeinander ein. Die verschiedenen Umgebungen wirken auf den Organismus ein, der sich seinerseits ändert, um auf die Umgebung zu reagieren und wirksam Einfluß zu nehmen. Es ergibt sich also ein geschlossener Kreis aus vier Elementen: Skelett, Muskeln, Nervensystem und Umgebungen. Alle vier bedingen einander wechselseitig von der Geburt bis zum Tod, und an jeder Stelle des gesamten Kreises gibt es Vor- und Rückkoppelungen. Bei der Geburt ist die Verbindung des Organismus mit seiner Umgebung weitgehend passiv. Die Passivität nimmt allmählich ab und geht in zunehmend absichtliche Aktivität über. Gäbe es kein Schwerefeld, so würde dieses Schema völlig anders aussehen: die Muskeln wären dann überflüssig, das Skelett anders. Kein Tier hätte seine ihm eigentümliche Haltung. Das ganze Energie-Schema wäre anders. Knochen bräuchten keiner Kompression standhalten zu können. Bewegungsgeschwindigkeiten wären gänzlich verändert. Kurzum, es wäre so, wie wir es uns im ganzen gar nicht vorstellen können.

So aber, wie die Dinge nun einmal sind, ist Bewegung der beste Schlüssel zum Leben. Seit der Mensch überhaupt spricht, hat er alles, was es gibt, eingeteilt nach der Art und Weise, wie es sich im Schwerefeld bewegt. Pflanze ist alles, was sich horizontal nur passiv fortbewegen kann. Ihr Wachstum ist senkrecht (wobei das senkrechte Wachstum vom Licht in dessen Richtung gewendet werden mag). Andere Lebewesen können sich auf verschiedene Weise aktiv fortbewegen, und jede Fortbewegungsweise dient dem Menschen zur Bezeichnung der betreffenden Gattung. Was schwimmt, ist Fisch. Was fliegt, ist Vogel. Was kriecht, ist Schlange. Was sich windet, ist Wurm. Die einen springen, die andern krabbeln, es gibt solche, die klettern, solche, die auf allen vieren, und solche, die aufrecht gehen. Bewegung scheint den Menschen beschäftigt zu haben, seit er sich überhaupt kennt.

Da Bewegung für die lebende Zelle oder den Zellenverband, der einen lebenden Organismus ausmacht, so wichtig ist, kommt sie sicher nicht nur zufällig zustande. Der überwiegende Teil des Organismus (Skelett, Muskulatur und Nervensystem) ist mit Bewegung in seiner Umgebung beschäftigt. Da dieser Vorgang äußerst komplex ist, sind die meisten Lebewesen so angelegt, daß sie dazu eine eigene, individuelle Lernzeit brauchen. Das gilt praktisch für alle Gattungen: für die Fische wie für die Vögel, für die anderen Tiere wie für die Affen und Menschen. Die Dauer der Lernzeit variiert von wenigen Sekunden oder Minuten bis zu vielen Jahren. Manche Herdentiere, vor allem Rinder, Pferde, Zebras und verwandte Arten, können fast unmittelbar nach der Geburt schon ihrer Herde folgen. Kaum hat die Kuh die Nabelschnur durchgekaut und das Kalb abgeleckt, wird es schon versuchen aufzustehen. Wenn ihm das nach einigen wenigen Versuchen gelungen ist, wird es der Kuh über Sand, Kies und glitschiges nasses Gras folgen, gleichviel, ob der Boden eben ist oder steigt oder abwärts geht. Nicht nur kann es alles Nötige tun, um der Herde zu folgen; sollte es ausrutschen oder stolpern, so kann es sich auch erfangen und wieder aufrichten. Erst wenn man bedenkt, wieviel Findigkeit nötig und wie kompliziert es wäre, wollte man etwas auch nur annähernd ähnlich Funktionierendes konstruieren, – erst dann begreift man, was alles in dieser schier unglaublichen Fähigkeit steckt, sich ohne vorangegangene Erfahrung und nach so wenig Lernen derart zu bewegen. Denken Sie einmal an Gemsen oder Bergziegen. Kurz nachdem sie sich haben aufrichten und auf die Beine stellen können, springen die Kitzen von Stein zu Stein und von Kante zu Kante, ohne es vorher eigens gelernt zu haben. Offenbar müssen alle die Bahnen, die Verbindungen und Verdrahtungen im Nervensystem dieser Tiere schon vor der Geburt entstanden sein. Kurz, es ist hier die Gattung, die ihr Lernen, ihre Entwicklung, die Organisation ihrer Reflexe, ihre Instinkte weitergegeben hat und das Einzelwesen dadurch befähigt, auch unter prekären Bedingungen zu überleben. Die meisten Vögel hingegen, auch Hunde und alle Arten von Katzen (also auch die großen Raubkatzen) benötigen zuerst noch etwas Unterricht von ihren Eltern, um die Verdrahtungen zu vervollständigen, d. h. die funktionellen Verbindungsschemata in ihrem Nervensystem herzustellen. Was diese Schemata zuverlässig, autonom oder automatisch macht, ist ein Lernen, das nur wenige Wochen braucht.

Beim Betrachten verschiedener Gattungen merken wir: je weiter unten auf der Evolutionsleiter eine Art steht, desto vollständiger ist die Verdrahtung ihres Nervensystems bei der Geburt. Die Verbindungen der Synapsen, Neuronen oder wovon immer sonst liegen schon bereit, und die Lernzeit ist desto kürzer, je weiter unten auf der Leiter eine Art steht. Der Mensch steht am obersten Ende dieser Stufenordnung. Von allen Arten hat, meines Wissens, das Menschenkind die längste Lernzeit. Obwohl alle Verbindungen, welche zur Erhaltung des Lebens und für das Wachstum erforderlich sind, in den Nerven- und Drüsensystemen schon bei der Geburt fertig bereitliegen, sind die Verdrahtungen der spezifisch menschlichen Funktionen noch nirgends vorhanden. Es hat noch kein Kind gegeben, das schon von seiner Geburt an hätte sprechen, singen, pfeifen, kriechen, aufrecht gehen, musizieren, zählen, mathematisch denken, die Stunde des Tages oder der Nacht erkennen oder begreifen können, was es heißt, sich zu verspäten. Keine dieser Funktionen ist je beobachtet worden, ohne daß ihr eine Lernzeit von einigen Jahren vorangegangen wäre. Was also diese spezifisch menschlichen Funktionen betrifft, so haben deren mögliche Nervenbahnen zwar schon im Mutterschoß zu entstehen begonnen, aber ihre Verdrahtungen und Verbindungen sind, zumindest im Vergleich mit dem erwachsenen Menschen, noch nicht vorhanden.

Es bedarf also der individuellen, persönlichen Erfahrung und Lernzeit, und ohne diese wird aus dem Neugeborenen kein Mensch. Es ist, als hätte der Mensch nichts Gelerntes ererbt. Die »niederen« Tierarten lernen phylogenetisch, d. h. sie erben, was die Art im Laufe ihrer Entwicklung gelernt hat. Das »höhere« Tier lernt durch seine eigene, ontogenetische Erfahrung. »Nieder« und »höher« gelten nur hinsichtlich der Stufenleiter, durch die wir die Entwicklung der Arten darstellen, und hinsichtlich der Kompliziertheit dieser Darstellungsweise. Denn fast alle niederen Tiere können Dinge tun, welche die höchsten zwar verstehen lernen, aber ohne einen langen Lernprozeß ihrerseits nicht ausführen können; und selbst dann benötigen sie in den meisten Fällen vielerlei Werkzeug und Hilfskonstruktionen – und können selbst mit deren Hilfe nur nachahmen. Es mag sinnvoll sein hier zu wiederholen, daß einzig Nervengewebe und Nervensysteme imstande sind, Vorstellungen zu bilden und zu verwirklichen. Die Wiederholungstendenz führt schließlich zu wiederholbarer Beständigkeit und Ordnung. Das meiste Geschehen wird vom Zufall bestimmt und ist so ungeordnet, daß sich über die Mehrzahl der Vorgänge nichts vorhersagen läßt. Wir stellen Naturgesetze auf, indem wir von Geschehnissen die Teile aussondern, die wir nicht ändern oder in die wir das, was wir für Ordnung halten, hineinlegen können. Newton hat in eine erstaunliche Menge unordentlich fallender Körper Ordnung gebracht, indem er den Begriff der kosmischen Gravitation einführte. Die Nervensubstanz schafft Ordnung in ihren eigenen Funktionen und bringt Ordnung auch in ihre Umgebung, die ihrerseits die Ordentlichkeit der Nervenfunktionen verbessert. Die Nervensubstanz organisiert sich und wählt dadurch unter den Informationen aus, die sie aus der Umwelt erreichen. Die so ausgewählten Informationen formt sie, um Wiederholung zu ermöglichen, zu unveränderlichen Gruppen. So groß ist das Ordnungsvermögen des Nervensystems, daß es dort Ordnung schafft, wo jedes andere Instrument nichts als einen ununterbrochenen Strom verschwommener Veränderungen registriert. Etwa so, wie wenn Sie von einem galoppierenden Pferd aus einen Windhund fotografierten, der auf Sie zugerannt käme.

Wir können einander verstehen, während ein Ventilator oder sonst ein Motor im Hintergrund einen derartigen Lärm macht, daß ohne das Eingreifen eines Fachmanns kein Gerät unser Gespräch in einer für andere Hörer verständlichen Form aufnehmen könnte. Es fällt uns nicht schwer, auch bei vielfältigen und wechselnden Störvorgängen das herauszulösen, was von gleichbleibender Ordnung ist. Bei allem, was wir hören, riechen, sehen oder fühlen, organisieren wir uns aktiv, um die gleichbleibenden Gruppierungen wahrzunehmen, die uns mit der Unordnung in uns selbst und den verschiedenen Umgebungen um uns – der persönlichen, gesellschaftlichen, räumlichen und zeitlichen – fertigwerden lassen. Kinder können eine Sprache lernen in einem Zimmer, in dem andere Kinder mehrere andere Sprachen lernen. Das ist möglich, wenn beide, Lehrer und Kinder, am Lernen interessiert sind. Eine Streichholzschachtel sehen wir als etwas von gleichbleibender Gestalt. Aber ein Fotoapparat, ein Fernrohr, ein Feldstecher oder sonst ein optisches Instrument, wie man es zu wissenschaftlichen Beobachtungen verwendet, wird sie je nachdem immer anders sehen, z. B. als einen Punkt, wenn wir sie nur weit genug entfernen. Auch wenn wir sie von einer ihrer Ecken her betrachten, sehen wir sie immer noch als rechteckige Schachtel; nicht so unsere Instrumente. Unser Nervensystem schafft sich eben Konstanten, wo immer sie ihm zweckdienlich sind.

Angenommen, wir bauen eine Maschine mit einem Skelett, mit Muskeln, Organen und einem Gehirn. Würde solch ein Gehirn Englisch oder Deutsch oder Türkisch sprechen? Es würde nicht wissen, wie es überhaupt sprechen soll. Würde solch ein Gehirn lesen, mathematisch denken, Musik hören oder komponieren können? Könnte es eine elektronische Maschine oder ein Mikrofon konstruieren? Natürlich nicht. Wenn ein Gehirn auf die Welt kommt, ist es nur für das ausgerüstet, was auch jedes andere Tiergehirn tun kann: es kümmert sich ums Atmen, um die Verdauung, um die automatischen Tätigkeiten des Körpers. Für alles andere müssen wir unser Gehirn erst »verdrahten«, so daß es in Beziehung treten kann zu der Umgebung, in die es geraten ist. Am Anfang weiß das Gehirn nicht einmal, wie man steht. Es kann weder lesen noch pfeifen, tanzen, schlittschuhlaufen oder schwimmen. Es muß erst eingerichtet und eingestellt, eben »verdrahtet« werden, um voll funktionieren zu können.

Angenommen, ich blicke auf ein Mikrofon. Wenn meine Augen es betrachten, erkenne ich das Bild. Doch das Bild erscheint nicht in meinem Gehirn, sondern nur auf meiner Netzhaut. Das Bild auf der Netzhaut jedes Auges wird in zwei Teile zerlegt und auf vier verschiedene Partien der Hirnrinde projiziert, die so zwar acht Teilprojektionen, aber kein »Bild eines Mikrofons« erhält. Die Funktion des Sehens jedoch ruft in meinem Geist das Ding hervor, das ich mit meinen Augen sehe. Das Gehirn hat eben eine Art Schulung durchgemacht, die es mit der objektiven Wirklichkeit in Verbindung gesetzt, verknüpft und auf sie eingestellt hat. »Wirklichkeit« bedeutet also sowohl die Umwelt als auch unseren eigenen Körper.

Der Geist entwickelt sich nach und nach und fängt an, die Funktionsweisen des Gehirns zu programmieren. Meine Art, Geist und Körper zu betrachten, führt zu einer subtilen Methode, die Strukturen des ganzen Menschen so »umzuverdrahten«, daß sie funktionsgerecht integriert werden, d. h.: daß sie ausführen können, was der Mensch tun möchte. Jeder von uns hat die Möglichkeit und die Wahl, sich auf eine besondere, ihm eigentümliche Weise zu verdrahten. So allerdings wie wir das derzeit machen, ist es menschenunwürdig, denn es entfremdet jeden von uns seiner Fähigkeit, eigene Gefühle zu haben.

Jeder Mensch wird als Hominide geboren, als ein Menschentier. Das neugeborene Kind kann schlucken, saugen, verdauen, ausscheiden und seine Körpertemperatur konstant halten wie jedes andere Tier. Was uns von anderen Tieren unterscheidet, ist, daß der Hominide sich zum homo sapiens entwickeln kann, zum Menschen mit Intelligenz, Wissen und Bewußtheit.

Zusammenfassung

Unter den vielen Straßen gibt es auch Hauptstraßen. Alle Menschen sind neugierig, haben also eine Sinnenwelt, die diejenige »Hauptstraße« finden hilft, welche für jeden einzelnen wichtig ist. Die Heimwege in die Sicherheit (wo die Zellen vor Strahlung geschützt sind) müssen vertraut sein; sonst wird der Gang nach Hause zu langsam und unsicher. »Revier« bedeutet also etwas, das beinah ebenso alt ist wie das Leben selbst. Was bedeutet »Zuhause« für Sie? Wohin gehen Sie, wenn Sie müde oder verletzt sind? Gibt es noch andere Möglichkeiten? Wie sind wir zu denen gekommen, die wir haben? Wie handeln wir, wie passen wir uns an, wie stellen wir uns ein? Hat Lernen etwas damit zu tun? Und wie stellen wir das an?

Vom Lernen

Organisches Lernen ist grundlegend, daher unerläßlich. Es kann auch therapeutisch wirken. Lernen ist gesünder, als Patient zu sein oder sogar als geheilt zu werden. Leben ist kein Ding, sondern ein Prozeß. Prozesse aber gehen gut, wenn es viele Wege gibt, sie zu beeinflussen. Um das zu tun, was wir möchten, brauchen wir mehr Wege als nur den einen, den wir kennen – mag er auch an sich ein guter Weg sein.

Organisches Lernen beginnt im Mutterschoß und geht weiter, solange der Mensch physisch wächst. Andere Formen des Lernens werden von Lehrern geleitet und finden in Schulen, Fachschulen und Hochschulen statt, wo zahlreiche Schüler versammelt sind. Zwischen diesen beiden Arten des Lernens bestehen sowohl Ähnlichkeiten als auch wesentliche Unterschiede, von denen einige sehr subtil sind.

Wenn ein Erwachsener etwas erreichen möchte, das anderen offensichtlich leicht fällt, bei dem aber er auf Schwierigkeiten stößt, hat er meist das Gefühl, daß mit ihm etwas nicht in Ordnung ist. Eltern wie Lehrer werden ihn anspornen, sich mehr anzustrengen; beide glauben, daß es Faulheit sei, die in irgendeiner Form ihn am Lernen hindere. Tatsächlich führt vermehrter Fleiß mitunter zu einer Art Besserung oder Fortschritt; aber man trifft allzu oft Menschen, die in ihrem späteren Leben entdecken, daß diese Änderungen nur oberflächlich waren.

Die Zahl der Erwachsenen, die in ihrem sozialen Leben Schwierigkeiten haben – d. h. in ihrem Geschlechtsleben, in

ihrer Ehe, in ihrem Beruf oder an ihrem Körper Unzuläng-
lichkeiten empfinden –, läßt sich ungefähr abschätzen,
wenn man die Fülle von Methoden und Techniken bedenkt, die heute angeboten werden, um solchen Menschen
zu helfen. Wie viele praktizieren Zen oder Meditation, suchen Hilfe bei einer der zahlreichen verschiedenen Methoden der Psychoanalyse, beim Psychodrama, beim Biofeed-
back, bei der Hypno- oder Tanztherapie, usw. Es gibt wohl
über fünfzig bekannte Therapien für Menschen, die sich
nicht im klinischen Sinne krank fühlen, aber mit ihren
Empfindungen und Leistungen unzufrieden sind. In allen
bekannten Methoden, um Menschen in ihren Nöten zu helfen, steckt für jeden eine beträchtliche Portion Lernen. Wir
müssen also zuerst die verschiedenen Arten von Lernen
verstehen, bevor wir die Bedeutung noch einer weiteren
Methode erkennen können, die ich geschaffen habe und
anwende.

Für den Menschen ist Lernen, vor allem organisches
Lernen, eine biologische, um nicht zu sagen: eine physiologische Notwendigkeit. Wir lernen gehen, sprechen, auf
Stühlen oder im Schneidersitz oder wie die Japaner sitzen;
wir lernen lesen, schreiben, malen, zeichnen, Instrumente
spielen, pfeifen. Wir haben so gut wie keine Instinkte fürs
Essen und Trinken, und unser Leben wird mindestens
ebensosehr von unserer kulturellen Umwelt bestimmt wie
durch unsere biologischen Voraussetzungen.

Die Bahnen im Nervensystem eines Embryos, eines
Kleinkindes und eines Kindes werden durch seine Sinne,
seine Gefühle und kinästhetischen Empfindungen, wie
seine räumliche, zeitliche, elterliche, soziale und kulturelle
Umwelt sie in ihm hervorruft, gleichsam verdrahtet. Da
jedoch organisches Lernen beim Kind eine komplexe
Struktur und verschiedene miteinander verbundene Funktionen ins Spiel bringt und sich über mehrere Jahre er-

streckt, kann solches Lernen nicht ohne Unvollkommen-
heiten, Fehler und Mißlingen geschehen. Organisches
Lernen ist je-individuell und geht ohne einen Lehrer vor
sich, der etwa in einer bestimmten Zeit zu bestimmten Er-
gebnissen gelangen möchte. Es dauert so lange, wie der
Lernende beim Lernen bleibt.

Dieses organische Lernen ist langsam und kümmert sich
nicht um die Bewertung etwaiger Ergebnisse als gut oder
schlecht. Es hat keinen erkennbaren Zweck, kein Ziel. Es
wird gelenkt einzig von dem Gefühl der Befriedigung, das
sich einstellt, wenn jeder neue Versuch als weniger ungeschickt empfunden wird als der vorangegangene, weil
jetzt ein kleiner Fehler vermieden wurde, der zuvor als
unangenehm oder als hinderlich empfunden worden war.
Es kann vorkommen, daß der Lernende, von den Eltern
oder von wem auch immer angefeuert oder gar gedrängt,
irgendein erstes Gelingen zu wiederholen, Rückschritte
macht, daß er regrediert; weitere Fortschritte können
so um Tage, ja Wochen verzögert werden oder überhaupt
ausbleiben.

Die Entwicklung körperlicher Strukturen geht zusammen mit den Versuchen des Lernenden, in seiner Umwelt
zu funktionieren. Ein Kleinkind wird sich so lange nur von
einer Seite auf die andere rollen, wie die Nervenstrukturen,
welche Augen, Ohren und Halsmuskulatur miteinander
verbinden, noch nicht genügend herangereift sind, um andere Bewegungen zu ermöglichen. (Ich möchte hier nicht
von unserem unmittelbaren Thema abschweifen, indem ich
von der Rolle spreche, die die Entwicklung des *globus pallidus* für das primitive Kriechen (Robben) spielt, oder von
der des *corpus striatum* oder sonstiger späterer Entwicklungen des Gehirns, die mit weiteren Fortschritten der Kör-
perbewegung zusammenhängen.)

Jeder Versuch des Körpers, zu funktionieren, wird den

Reifungsprozeß der Nervenstrukturen und ihrer Verbindung zu Schaltschemen beeinflussen – und umgekehrt. Lernen kann daher bis zur Perfektion gelangen, auf Abwege geraten oder sogar rückläufig werden, bevor die nächste Reifung mit einem Funktionsversuch zusammentrifft. Während der Entwicklung drängt die Zeit weiter, und was nicht zu *seiner* Zeit angebahnt wird, kann für den Rest des Lebens brach liegen. Wenn einer nicht bis zu einer bestimmten Zeit sprechen gelernt hat, wird er sein ganzes Leben lang nicht gut sprechen können.

Für das organische Lernen gibt es keinen bestimmten, berufenen Lehrer. Das Kind kann freilich von seiner Mutter lernen, indem es ihr Beispiel annimmt oder ablehnt. Es wird verschiedene Handlungen von verschiedener Herkunft wählen, wie es seinen Sinnen gefällt.

Das schulische Lernen unter der Anleitung von Lehrern ist vielleicht die größte menschliche Errungenschaft und die Wurzel unserer Erfolge als gesellschaftliche Wesen, aber auch vieler unserer Mängel. Der Lehrer weiß, was er lehrt und wohin er seine Schüler führt. Die Schüler wissen, was sie lernen und wann sie es zur Zufriedenheit ihres Lehrers erlernt haben. Ihre Ausbildung ist durchsetzt mit Übungen, die ihnen helfen sollen, das gewünschte Ziel zur Zufriedenheit des Lehrers zu erreichen. Auf diese Weise lassen sich z. B. Medizin, Jurisprudenz, Physik und ähnliche Fächer erlernen.

Diese Art Lernen folgt einem vorgeschriebenen Curriculum, das die Gruppe innerhalb einer festgesetzten Zeitspanne zu bewältigen hat. Einige wenige werden bei allen ihren Lehrern, d. h. in allen Fächern, erfolgreich sein. Das sind dann an den Hochschulen diejenigen Studenten, deren Fähigkeiten sich durch organisches Lernen gut entwickelt haben. Manche werden es nie schaffen und immer die letzten ihrer Klasse sein, während andere nur gerade das

Nötige erlernen werden, um nicht sitzenzubleiben. Selbstverständlich wird diese Beschreibung jenen Lehrern nicht gerecht, denen wir den größten Teil unserer Fortschritte verdanken. Einige wenige solche Lehrer gibt es in jeder Generation. Ihnen vor allem verdanken wir, wie auch einige der hervorragenden Menschen früherer Zeiten und der unseren, unseren Fortschritt.

Die schulische Lehr- und Lernweise hat unsere Eltern geformt, hat ihre Überzeugungen geprägt und die Art, wie sie Lernen verstehen. Ob sie es auch noch so gut meinen, Eltern scheinen sich in das organische Lernen doch so störend einzumischen, daß viele Therapien die Entstehung und Entfaltung der meisten Dysfunktionen bis zu den Eltern zurückverfolgen und auf sie zurückführen können. Die Beobachtungen gelten so allgemein, daß man meinen möchte, wir wären besser dran, wenn wir gar keine Eltern hätten. Waisen aber ergeht es noch schlimmer: sie werden von Menschen aufgezogen, die über das, was als recht und richtig zu gelten habe, zwar die gleichen Ansichten haben wie Eltern, den Kindern aber weniger Anteilnahme entgegenbringen. Man erzieht uns – und wir erziehen – in der Überzeugung, daß es genüge, den Willen anzustrengen, um schließlich korrekt zu funktionieren, und daß wiederholtes Bemühen den besten Erfolg verbürge. In Wirklichkeit führt zielstrebiges Üben nur zu Geläufigkeit, d. h., es läßt Fehler, die dabei unterlaufen, zu blinder Gewohnheit werden. Man fühlt die Dysfunktion – und weiß sich nicht zu helfen. Man versucht das Richtige zu tun, merkt das Mißlingen und ist zuletzt überzeugt, daß man irgendwo am Grunde nicht in Ordnung ist. Denkt man z. B. an Musiker, Maler, Dichter, aber auch an die Bereiche des Denkens, des Fühlens, des Liebens überhaupt, so möchte man meinen, Männer wie Bach und Beethoven, Michelangelo und Picasso, Tolstoj und Joyce, Shakespeare und Kafka, Einstein und Wittgenstein, Dante und Goethe hätten kein anderes Naturgesetz entdeckt als das ihres eigenen Denkens und Fühlens. Sie haben nicht angewendet, was man sie gelehrt hatte und was als »richtig« galt, sondern eigene, persönliche Verfahrensweisen entwickelt.

Lehrer, wenn sie vor einer Klasse oder einem Auditorium stehen, verlassen sich auf Wörter, um den Gegenstand ihres Unterrichts den Schülern verständlich zu machen. Diese Lehrmethode scheint zwar unvermeidlich, aber das bedeutet nicht, daß sie nicht mit großen Nachteilen verbunden ist. Die Naturgesetze, wie sie heute gelehrt werden, sind eine Form unseres Denkens und darum so sehr Denkgewohnheit, daß wir uns gar nicht mehr fragen, was sie wirklich bedeuten. Die Wissenschaft entdeckt nicht Naturgesetze, sondern eher die Gesetze der menschlichen Natur. Es kann noch Jahrhunderte dauern, bis wir entdecken, wie unser Gehirn funktioniert, nur weil wir außerhalb von uns suchen, wo es sich zeige. Nehmen wir als Beispiel das Dreieck. Es ist eine der einfachsten geometrischen Figuren. Alles, was wir über das Dreieck wissen, von der Zeit vor Euklid bis auf den heutigen Tag, ist in der einfachen Figur enthalten, die wir außerhalb von uns auf ein Blatt Papier zeichnen können. Aber Achsen, Winkelhalbierende, Mittelsenkrechte, Umkreise, Inkreise, Winkelfunktionen, Fläche, die verschiedenen Arten von Dreiecken, usw.: sie alle sind Schöpfungen unsres Gehirns und nicht die Gesetze des Dreiecks, das vor uns auf dem Papier steht. Als Pascal dreizehn Jahre alt war, hatte er aus eigenem Verständnis den Gesamtbereich der Geometrie durchdacht und dabei alles, was wir über sie wissen, von sich aus neu entdeckt, ohne deshalb irgendwelche anderen Naturgesetze entdeckt zu haben als die seines eigenen Denkens. Ähnlich ist auch die Kausalität kein Gesetz, sondern eine Form unseres Denkens.

Es braucht dreißig bis vierzig Jahre, bis irgendeinem »Gesetz« von Bedeutung, das ein wahrhaft neuer, origineller Gedanke ist, den Menschen vertraut wird; so erging es z. B. Mendelejews periodischem System der Elemente, ebenso der Farbfotografie, der Relativität, der Doppelspirale in der Genetik. Erst nach einer solchen Zeitspanne wird man die Bedeutung des Neuen besser einschätzen, das neue Gesetz klarer verstehen und somit auch anwenden können. Natürlich entspricht einem solchen Gesetz auch etwas dort draußen, in unserer Umwelt. Unser Gehirn ist ja, von der Empfängnis bis zu diesem Augenblick, durch dieses Draußen »verdrahtet«, geformt worden, das auf es einwirkt, und zwar durch die Sinne. Wenn wir gar keine Sinne hätten, was gäbe es dann für Gesetze in unserer Außenwelt? Unser Gehirn kann nicht funktionieren ohne eine Außen-, eine Umwelt, ohne Muskeln und Knochen, die unerläßlich sind, weil Fortbewegung aus eigenen Mitteln die Grundlage für alles tierische Leben ist.

Die »natürliche« Zahlenreihe von 1 – 2 – 3 bis Unendlich ist vielleicht ein noch überzeugenderes Beispiel dafür, daß Gesetze mindestens ebensosehr die Art und Weise darstellen, in der unser Denken funktioniert, wie sie – so wenigstens wird behauptet – draußen, in der objektiven Wirklichkeit, zu finden sind. In der Zahlenreihe gibt es gerade und ungerade Zahlen, und sie sind auf eine eigentümliche Weise darin verteilt. Es gibt Primzahlen, die wiederum anders verteilt sind. Es gibt auch Pythagoräische Triaden: $3^2 + 4^2 = 5^2$, da $9 + 16 = 25$; usw. Innerhalb der Reihen gibt es Gesetze genug, um ein dickes Buch zu füllen. Wo aber finden diese Reihen, wo ihre Gesetze sich in der Welt, die uns umgibt? Jede dieser Reihen gibt es nur, wenn wir sie aufschreiben – oder wenn wir sie uns vorstellen, was der »Verdrahtung« unseres Gehirns sogar noch gemäßer ist. Offenbar sind alle Gesetze der natürlichen Reihe zu allererst und vornehmlich Gesetze der Art und Weise, wie unser Gehirn funktioniert.

Organisches Lernen ist lebendig und lebhaft. Es geschieht bei guter Laune und mit häufigen kurzen Pausen. Verglichen mit einem Arbeitstag schulischen Lernens oder akademischen Studiums sind seine Perioden sprunghafter, unregelmäßiger und die Einstellung zu ihm ist weniger ernst. Es mag von Nutzen sein, hier eine kleine Geschichte einzuflechten, um uns in die richtige Stimmung zu bringen.

Vor ein paar Jahren haben Jean Houston und Bob Masters mich mit Margaret Mead zusammengebracht. Wir hatten uns kaum an den Tisch gesetzt, als Margaret Mead sagte, es dränge sie, mich zu allererst etwas zu fragen. Zwanzig Jahre lang sei sie für ihre anthropologischen Studien immer wieder auf eine bestimmte Insel zurückgekehrt, aber in dieser ganzen langen Zeit sei es ihr nie gelungen, den Eingeborenen oder deren Kindern eine Art Hüpfen von einem Fuß auf den andern beizubringen, obwohl diese Inselbewohner ausgezeichnete Jäger und Fischer seien und obwohl diese Bewegung unsereinem keinerlei Schwierigkeit bereite. Ohne die betreffende Bewegung genauer zu kennen, konnte ich ihr keine erschöpfende Antwort geben; aber ich sagte ihr, daß das Unvermögen, der »Fehler« also oder die Störung, von einer Hemmung oder einem Tabu herrühren müsse, von dem in früher Kindheit das Kriechen getroffen worden war. Sie stutzte und rief dann überrascht, da sei ich wahrscheinlich auf der richtigen Spur. Sie erzählte mir dann, daß die Bewohner dieser Insel ihren Kindern nicht erlauben, den Boden mit allen Vieren zu berühren, und zwar aus Furcht, die Kinder könnten zu Tieren werden. Alles Kriechen ist daher grundsätzlich ausgeschaltet. – Diese Begegnung war der Beginn einer Freundschaft mit Margaret Mead, die bis zu ihrem Tod gedauert hat.

Wenn jemand sein organisches Lernen nachprüft, um festzustellen, welche Partien nach Maßgabe seiner ererbten Möglichkeiten voll entwickelt worden sind, muß er im Sinn behalten, daß es wenige geistige Prozesse gibt, bei denen das Denken vom Bewußtsein unseres Wachseins getrennt werden kann. Wachsein bedeutet, daß wir wissen, ob wir stehen, sitzen oder liegen, kurz, daß wir wissen, wie und wohin wir relativ zur Schwerkraft orientiert sind. Wenn wir in Wörtern denken, und sei's auch nur unterschwellig, dann denken wir logisch und in Denkschemen und -kategorien, die uns geläufig sind, die wir schon früher gedacht, geträumt, gelesen, gehört oder ausgesprochen haben. Lernt man aber, in Empfindungen, in Bildern von Beziehungen und Konfigurationen zu denken, die von der Bestimmtheit der Wörter und der Konventionen hinsichtlich ihres Gebrauchs losgelöst sind, dann kann man in sich ungeahnte Möglichkeiten entdecken: die Fähigkeit, neue Muster, neue Verhaltens- und Verfahrensweisen zu bilden und solche Beziehungsmuster oder Konfigurationen von einer Disziplin auf andere zu übertragen. Kurz, dann denken wir als eigenständige, individuelle Wesen, denken ursprünglich und bahnen uns in die schon bekannte Richtung einen neuen, anderen Weg.

Ein Lernen, das eine Weiterentwicklung der Strukturen und ihres Funktionierens ermöglicht, muß auch zu anderen, neuen Weisen führen, Dinge zu tun, die ich bereits tun kann. Diese Art Lernen erweitert meine Möglichkeiten, frei zu wählen. Wer über nur eine Verfahrensweise verfügt, hat keine Wahl als zwischen Tun oder Nichttun.

Das alles klingt einfacher als es ist. Jeder von uns wird, wenn er nach rechts schauen will, den Kopf nach rechts drehen, und seine Schultern werden an der Drehbewegung beteiligt sein. Unter dem Gesichtspunkt des organischen Lernens betrachtet, ist eine gemeinsame Drehbewegung von Kopf, Augen und Schultern in die gleiche Richtung die primitivste, einfachste Handlungsweise und in früher Kindheit erlernt. Das Nervensystem ist aber noch ganz anderer Kombinationen fähig. Man kann z. B. die Augen nach links wenden, während Kopf und Schultern nach rechts gedreht werden. Es gibt sechs verschiedene Kombinationen, wie man Kopf, Augen und Schultern relativ zueinander drehen kann. Versuchen Sie einmal eine von denen, die Ihnen nicht vertraut sind. Tun Sie's sehr langsam, so daß Sie sich dabei Rechenschaft ablegen können, in welche Richtung Sie den Kopf, wohin die Augen, wohin die Schultern bewegen, während Sie sie dergestalt von ihrem bisherigen einen, eingefahrenen Schema *differenzieren*. Wozu? Nun, spüren Sie, wie Ihnen geschieht, wenn Sie ein neues Schema einige Male haben ausführen können, bis es sich ungefähr ebenso fließend ausführen läßt wie das geläufige alte. Sie werden sich größer und leichter fühlen, besser atmen und ein leichtes Hochgefühl empfinden, das Sie bisher vielleicht nicht gekannt haben. Die gesamte absichtliche Region Ihrer Großhirnrinde wird mit einer neuen Qualität von Selbst-Lenkung arbeiten, von der Sie immer nur geahnt hatten, daß sie Ihnen möglich sein müßte.

Stellen Sie sich vor, Sie würden lernen, den größeren Teil Ihrer selbst, d. h. die Mehrzahl Ihrer Tätigkeiten so zu differenzieren und umzukombinieren. Ihre absichtliche Großhirnrinde wird vom Zwang zu all den Handlungsschemata, zu denen Sie bisher keine Alternative hatten, befreit sein, und Sie werden sich dabei ertappen, daß Sie alles mögliche auf neue, von Ihnen bisher ungeahnte Weisen tun. Um sich die Aufgabe zu erleichtern, setzen oder legen Sie sich fürs erste hin. Wenn nämlich, wie im Liegen, die gewohnte Druckverteilung an den Fußsohlen entfällt, ist die absichtliche Hirnrinde vom Schema des Stehens im ganzen Körper befreit. Es kann sein, daß zum erstenmal in Ihrem Leben die Verbindungen in der Hirnrinde neue, alternative Schemata bilden können, und das kann sich auf alle Aktivitäten, aus denen Ihre Person besteht, auswirken.

Die Art von Lernen, zu der Sie es bringen werden, wenn Sie mir hierin folgen, ist die gleiche wie die, welche durch Lektionen in *Bewußtheit durch Bewegung* in Gang kommt, bei denen die Betonung nicht auf der jeweiligen Bewegung, sondern auf der Art und Weise liegt, wie Sie sich dabei lenken, dirigieren.

Ob man die Bewegung des Ringfingers an beiden Händen differenzieren kann oder nicht, scheint doch ohne jede Bedeutung zu sein. Nun, durch diese Kleinigkeit wird die Menschheit in zwei Teile geteilt: der eine kann musizieren, ein Instrument spielen, während der andere nur Konzertkarten und Hi-Fi-Anlagen kaufen kann. Denn wir können ein »normales« Leben zwar auch dann leben, wenn unsere Ringfinger von dem ihnen benachbarten Mittel- und dem kleinen Finger mitbewegt werden, aber Geige, Flöte, Klavier und die meisten anderen Instrumente erfordern eine unabhängige und gleichermaßen differenzierte Beweglichkeit des Ringfingers wie des Zeigefingers oder Daumens. Das ist nur ein kleines Beispiel für das erstaunliche Potential, das jeder in sich entdeckt, wenn Strukturen und Funktionsschemata auf diese Weise angegangen werden. Derlei Fertigkeiten sind nicht leicht zu erlangen; aber Erziehung, Unterricht und Lernen würden eine andere und bessere Qualität gewinnen, wenn ein System wie dieses allgemein angenommen würde.

»Differenzierung« ist nichts als ein schwieriges Wort. Seine Bedeutung für uns kommt aus der Erfahrung. Indem wir differenzieren, bekommen wir für das, was wir auf eine bestimmte Weise schon tun können, neue Verfahrensweisen zur Auswahl. Wo keine Alternativen zur Verfügung stehen, geht es uns nur im Glücksfall gut. Aber wenn wir kein Glück haben, werden wir unsicher sein, zweifeln, manchmal sogar Angst empfinden. Wo wir keine Wahl haben, fühlen wir, daß wir nichts ändern können, obwohl wir wissen, daß wir selbst es sind, die unser Elend verursachen. Dann denken wir: »Ich bin nichts wert. Ich kann nicht anders, denn ich bin eben so.«

Nur wenn uns vielerlei Möglichkeiten zur Auswahl stehen, können wir auf ähnliche, aber unterschiedliche Situationen verschieden und angemessen reagieren. Unsere Reaktionen mögen stereotyp sein, aber sie passen zur Sache. Wir können über uns verfügen, um unser Leben zu verbessern. Wenn unser Denken, unsere Sinnesempfindungen und Gefühle nicht unsere Aktionen und Reaktionen bestimmen, dann können wir nicht adäquat funktionieren. Unsere Aktionen und Reaktionen müssen daher, selbst in unserer Erwartung oder Vorstellung, ein Gefühl der Befriedigung und des Gelingens enthalten, der Lust am Tun, der Freude am Ergebnis. Das ist es, was Therapien wirksam macht. Wenn Sie dieses Buch ausgelesen haben, werden Sie wenigstens ein paar Mittel in Händen haben, die Sie selber anwenden können.

Zusammenfassung

Der Mensch hat von allen Säugetieren das komplexeste Zentralnervensystem (ZNS). Jedes Nervensystem ist, wie schon bei primitiveren Lebewesen, auf phylogenetisches Lernen hin angelegt. Das menschliche ZNS jedoch ist die beste Struktur für individuelles, ontogenetisches Lernen, die es gibt. Die Außenwelt wirkt bestimmend auf unsere Sinne und unser Gehirn. In eine Umgebung hineingeboren, wo irgendeine der dreitausend menschlichen Sprachen gesprochen wird, wird sich unser Gehirn so organisieren, daß es eben diese eine Sprache erlernt. Unser Gehör, unser Mund und alles übrige wird sich so formen, daß wir diese Sprache so sprechen werden, wie sie um uns herum gesprochen wird.

Haltung, biologisch betrachtet

Stabilität ist angenehm. Sie bedeutet aber auch: die Schwierigkeit, Bewegungen zu beginnen oder bewegt zu werden. Einen Boxer, der zu Boden gegangen ist, rettet nur die Spielregel, daß er nicht wieder angegriffen werden darf, bevor er nicht wieder labil steht. Dann kann er sich wieder bewegen, um anzugreifen und Angriffen auszuweichen. In der Geborgenheit erhöht Stabilität das Gefühl der Sicherheit: zu Hause setzen wir uns oder legen uns hin. Instabilität ist zwar labil, also riskant, bedeutet aber bereite Beweglichkeit: ein Wachposten steht. Beides ist biologisch wichtig. Den einen oder den andern Zustand unmäßig zu bevorzugen, benimmt einem die Wahl und mit ihr die Sicherheit.

Beim Betrachten eines Hochhauses denken wir gewöhnlich nicht an seine Fundamente. Es mag uns auch überraschen, leere Wohnungen zu finden in einem Gebäude, in dem es sonst zugeht wie in einem Bienenstock. Erschüttert aber ein Erdbeben die Stadt, dann wird es von den Fundamenten und der Bauweise des Hochhauses abhängen, ob es stehenbleibt oder nicht, ob man es reparieren kann oder ob es nicht zu retten ist und einstürzen wird.

Wir haben mit einer statischen Struktur begonnen, und in normalen Zeiten interessiert uns auch nur, wie ein Gebäude benützt werden kann. Müssen wir jedoch die dynamische Balance in Betracht ziehen oder ein von Streß und Trauma bedrohtes Gleichgewicht, dann bekommen alle diese Dinge ein ganz anderes Gesicht. Es wird auf einmal wichtig, die Materialien, die Tiefe, die Qualität der Fundamente zu kennen, die Bauweise des ganzen Baus. Wir betrachten den Menschen meistens nicht viel anders als wir ein statisches Gebäude betrachten, solange es steht, bzw. solange er auf seinen Beinen stehen kann. Wenn er funktioniert und sich nicht mehr beklagt als für ihn und die Gesellschaft zuträglich ist, denken wir gar nicht daran, wie er gebaut ist und woraus. Es interessiert uns nicht, zu wissen, wie er sich zu dem entwickelt hat, der er ist. Seinen Mitmenschen ist es ziemlich gleichgültig, welches Maß an Schock er vertragen würde, das ihn nur erschüttert, verglichen mit dem, das ihn unrettbar zerstören muß. Es wird natürlich auch von der Geschicklichkeit, Erfahrung und Findigkeit des Bauingenieurs abhängen, welches Gebäude wiederhergestellt und welches abgerissen oder dem Verfall preisgegeben werden wird.

Menschen, wie alle Lebewesen, erholen sich von kleinen Schocks, Verletzungen und Mißgeschicken. Ist einer erschüttert worden, und der übliche, geheimnisvolle Heilungsprozeß bringt ihn nicht zu normalem Funktionieren zurück, so wird er nicht abgerissen oder dem Verfall preisgegeben, sondern man hilft ihm, sich wiederherzustellen. Eine schier unglaubliche Zahl von Helfern wird mit seinem Schmerz und dessen Lokalisierung beschäftigt sein, fast alle völlig blind dafür, daß sie es mit einem individuellen Wesen, mit einem Menschen in Not zu tun haben.

Eine Frau in den Sechzigern klagte über hartnäckige akute Schmerzen im Unterleib oberhalb der Scham. Ihr Arzt ließ sie röntgen, ließ ihr Blut und ihren Urin untersuchen und tat überhaupt alles, was ein guter, gewissenhafter Arzt gewöhnlich tut. Schließlich sagte er ihr, er könne nichts finden, es sei mit ihr alles in Ordnung. Natürlich sei ihre Gesundheit nicht mehr, was sie mit zwanzig gewesen war. In Anbetracht ihres Alters könnte er ihr zwar schmerzstillende Mittel verschreiben, aber wahrscheinlich würde es von selbst besser werden.

Es wurde nicht besser, und sie kehrte zu ihrem Arzt zurück, der ihr jetzt riet, einen Gynäkologen aufzusuchen. Die gleiche Prozedur wurde wiederholt: Röntgen- und Laboruntersuchungen, und auch diesmal das Gleiche: »Kein objektiver Befund. Aber Sie sind natürlich keine zwanzig mehr.« Sie klagte über Schlaflosigkeit und daß es ihr schwerfalle, zu arbeiten. Es wurde daher beschlossen, sie zu einem Orthopäden zu schicken, der sie an Becken und Kreuz untersuchen würde. Der Orthopäde wiederholte seinerseits die ganze Prozedur: Röntgen- und all die anderen Untersuchungen, kurz, alles, was ein guter, gewissenhafter Orthopäde eben tut. Ich brauche Ihnen die Geschichte nicht weiterzuerzählen, Sie ahnen sie schon. Er gab ihr den Rat, sich von einem Neurologen untersuchen zu lassen, was mit dem inzwischen schon langweiligen, aber unvermeidlichen Ergebnis denn auch geschah. Als sich die arme Frau ihm gegenüber beklagte, daß sie jetzt schon über acht Monate unter den Schmerzen gelitten und ihren täglichen Aufgaben nicht habe nachkommen können, riet ihr der Neurologe, einen Psychiater zu konsultieren, da alle übrigen Spezialisten, einschließlich seiner selbst, für ihre Schmerzen keine organische Ursache finden konnten.

Es stellte sich heraus, daß sie während des Zweiten Weltkriegs in Deutschland in einem Konzentrationslager gewesen war und dort ein Kind verloren hatte. Als sie befreit wurde, war sie neunzehn Jahre alt und wußte nicht, wie sie sich ihren Unterhalt verdienen sollte. Nach einem Nervenzusammenbruch wurde sie von den Franzosen gepflegt; dann kam sie nach Israel in einen Kibbutz. Wenige Jahre später heiratete sie wieder – und verlor ihren Mann und ihren Sohn im jüngsten Krieg. Eine Person zwar von ungewöhnlicher Vitalität und durch das, was sie durchlitten hatte, noch stärker geworden, hatte sie doch das Gefühl, daß sie, weil sie keine Kinder mehr haben konnte, unfähig sei, zum dritten Mal neu anzufangen. Gemeinsam fanden wir heraus, daß sie ihre Schmerzen in der Körpergegend empfand, mit der ihre größten Leiden zusammenhingen.

Was ich damit zeigen möchte: daß von denen, an die diese Frau sich um Hilfe wandte, jeder sie nur als den einen Teil betrachtet und behandelt hat, der ihr Schmerzen bereitete, und keiner als einen Menschen, als ganze Person. Der Psychiater hätte vielleicht etwas mehr erreicht; er hätte jedoch auch zweifeln können, ob nicht doch organische Ursachen vorlagen. Der Gedanke aber an eine psychiatrische Behandlung erschreckte die Frau: sie hatte das Gefühl, man zweifle ihren Verstand an, halte sie für geisteskrank. Wenn Sie in der Lage sein werden, der Ihnen ungewohnten und daher zunächst bizarr erscheinenden Art zu folgen, in der ich unser aller Los verstehe, werde ich Ihnen erzählen, wie die Frau ihre Schmerzen losgeworden ist. Wenn Sie sich an die Geschichte vom Tanzen erinnern, dann werden Sie vielleicht das Prinzip erraten, nach dem es geschah.

Wir sind kein statisches Bauwerk. Gutes Funktionieren bei einem Menschen wiederherzustellen, ist viel heikler und erfordert bedeutend mehr grundsätzliches Wissen darüber, wie wir uns entwickeln, um schließlich so zu funktionieren wie wir es tun. Mehr Wissen und Einsicht sind nötig, um zu verstehen, was die Person selbst nicht versteht. Wie kommt es, daß der andere, der ein Mensch ist wie Sie und ich, sich der Dynamik seines Lebens nicht bewußt ist? Daß er sich eher als eine Art lebender Maschine zu begreifen scheint, die »es probiert«, solange sie vital genug ist? Als wäre eine Uhr keine Uhr mehr, wenn sie falsch geht oder stehen bleibt. Als wäre ein Lebender nicht mehr lebendig, sondern nur noch am Leben, wenn er nach seiner Meinung nicht mehr »nützt«. Liegt es nicht auf der Hand, daß Leben nicht etwas Statisches ist? Es geht vor sich in der Zeit, geht von einem Anfang aus in eine Zukunft, deren

Grenze unbekannt ist und die vielleicht keine Grenze hat. Jedermann weiß, daß Leben ein Vorgang ist, ein Prozeß; aber nicht jedermann bedenkt, daß ein Prozeß aufhört ein Prozeß zu sein, wenn er in ein statisches Gleichgewicht gerät. Wird eine statische Struktur umgeworfen, dann bleibt sie liegen. Ein lebender Körper hingegen, mag er sich nun bewegen oder reglos sein, wird, wenn man ihn umwirft, auf unerwartete Weisen reagieren.

Systeme, die aus einer großen Anzahl einfacherer, elementarer Systeme zusammengesetzt sind, oder Organismen, die aus kleineren lebenden Organismen bestehen, hören nicht auf zu funktionieren, nur weil sie herumgestoßen oder umgeworfen worden sind. Sie werden von Gesetzen beherrscht, die wir bestimmt oder entdeckt haben. Diese Gesetze gelten für große Systeme, für lebende Organismen, für Arten, Gattungen, Zivilisationen und dergleichen mehr.

Betrachten wir ein wenig näher, was wir über das dynamische Gleichgewicht oder besser, über das Gleichgewicht großer Systeme wissen, in denen Tätigkeit und Bewegung die Regel sind. Ein Mensch, bestehend aus 2^{58} lebenden Zellen, ist zahlenmäßig selbst nach astronomischen Begriffen groß und darf daher als ein großes System angesehen werden. Die Stahlindustrie, die ICI, Philips und andere mehr sind große Systeme.

Wenn ein Mensch sich ein Bein oder einen Arm bricht, wirft es ihn nur wenig zurück. Er regrediert zwar auf eine niedrigere Tätigkeitsstufe, ist aber nur »leicht beschädigt«. Er wird genesen und sich die meiste Zeit weiterentwickeln können. Wenn in einem der großen Systeme, die wir genannt haben, eine ganze Anlage oder Fabrik zerstört wird, wird das System ein wenig zurückgeworfen, aber es wird sich erholen und seine Entwicklung fortsetzen. Bei dynamischem Gleichgewicht geht es nicht um Stehen oder

Fallen, sondern um die Frage: Wie groß darf der Schock sein, den das System erleiden kann, ohne daß es ihm unmöglich wird, seine Entwicklung wieder aufzunehmen? Je größer die Anzahl kleinerer Systeme, die ein großes bilden, desto größer ist die Wahrscheinlichkeit der Genesung und des Überlebens.

Der große Chemiker Le Chatelier hat das Problem des dynamischen Gleichgewichts bei großen Systemen untersucht. Er hat gezeigt, daß, wenn solch ein Gleichgewicht gestört worden ist, innerhalb des Systems – und nicht außerhalb seiner – Kräfte entstehen, die seinen Normalzustand wiederherstellen. Wenn das Gleichgewicht bei Menschen gestört wird – durch einen Temperaturanstieg, durch eine Vergiftung, durch eine Infektion – erwachsen innere Kräfte, die den Normalzustand, d. h. den früheren Grad der Homöostase, das gewohnte (und nicht notwendig optimale) Niveau des Funktionierens wiederherstellen.

Das Wort »Haltung« suggeriert Statisches. Die menschliche Haltung aber ist ein dynamisches Gleichgewicht. Eine Haltung ist dann gut, wenn sie nach einer großen Störung ihr Gleichgewicht wiedererlangen kann. Nehmen Sie eine leere Flasche und neigen Sie sie langsam aus der Senkrechten gerade so weit als man noch spürt, daß ihre erste Tendenz, wenn man sie losließe, zurück ins Stehen ginge. Wenn Sie die Flasche loslassen, wird sie einigemale schwingen, bis die Reibung die aufeinanderfolgenden Schwingungen nach und nach auf null verringert und die Flasche in ihr statisches Gleichgewicht zurückkehrt, in dem sie sich befunden hatte, bevor es gestört worden war. Das ist das einfachste und greifbarste Beispiel dafür, daß bei dynamischem Gleichgewicht innere Kräfte wirksam werden, um es wiederherzustellen. Um ein möglichst einfaches Beispiel zu geben, habe ich es zu sehr vereinfacht; denn hier sind die Umwandlungen potentieller Energie in kinetische – und

75

umgekehrt – die Folge Ihres Die-Flasche-Neigens und der Schwerkraft und daher, genau genommen, keine inneren Kräfte, wie sie in großen Systemen entstehen.

Das Aufrechtstehen des Menschen, ungenau wenn auch allgemein »Haltung« genannt, wird nicht von den Gesetzen des statischen Gleichgewichts regiert. Eine Statue, die nicht befestigt wäre, würde, und wäre sie noch so schwer, vom Sturmwind umgeblasen. Solche Standbilder haben daher gewöhnlich längere Stäbe in Füßen und Beinen, die mit geschmolzenem Blei im Sockel verankert sind. Kopf und Rumpf, beide schwer, sind zuoberst, der Schwerpunkt liegt daher etwas zu hoch, um eine gute Stabilität zu gewährleisten. Der Hohlraum, in dem unser Schwerpunkt sich befindet, liegt in der Gegend des dritten Lendenwirbels, etwa 120 cm über dem Boden. Aber bei wechselnden Konfigurationen eines Körpers ist dessen Schwerpunkt kein fixer Punkt im Körper.

Es ist schwieriger zu stehen, als sich zu bewegen. Wenn junge Soldaten bei Paraden strammstehen müssen, fallen sie manchmal nach längerem Stillstehn bewußtlos um. Kleinkinder machen überstürzte Schritte lange bevor sie stillstehen können. Wir werden auf die Dynamik der menschlichen Haltung noch zurückkommen müssen, da unser Nervensystem, das sich ja mit unserem Skelett und unserer Muskulatur im Schwerefeld entwickelt hat, darauf angelegt ist, die Dynamik eines aufrechten Körpers mit sehr weit oben liegendem Schwerpunkt zu regieren. Ich würde sagen, daß unser Nervensystem wie unser Körper nicht so sehr darauf hinarbeitet, das Gleichgewicht zu halten, als es wiederherzustellen. Struktur und Funktion des Nervensystems liefern die Grundsätze und die Mittel, die uns zu einem zweckmäßigen Gebrauch unser selbst führen. Das ist unerläßlich, wenn wir im Einklang mit uns selbst funktionieren wollen. Harmonische, zweckmäßige Bewegung verhindert Abnützung und Schäden. Noch wichtiger aber ist, was sie an dem Bild bewirkt, das wir uns von uns machen, und an unserer Beziehung zur Welt, die uns umgibt.

Ich habe durch eigene Erfahrung ein Phänomen entdeckt, das heute eine der Grundlagen meines Denkens und Lehrens ist. Daß ich mir in jüngeren Jahren beim Fußballspiel ein Knie schwer verletzt hatte, habe ich schon erzählt. Die Verletzung war schlimm genug, um mich für viele Monate lahmzulegen. Das gesunde Bein mußte Überstunden leisten und verlor darüber viel von seiner früheren, behenden Beweglichkeit und Elastizität. Als ich eines Tages auf meinem guten Bein die Straße entlanghüpfte, rutschte ich auf einem Ölflecken aus. Ich spürte, wie mein Knie sich beinah ausrenkte; aber zuletzt glitt es in seine Lage zurück, und ich hüpfte nach Hause. Ich hatte zwei Treppen zu steigen und war froh, als ich mich endlich hinlegen konnte. Ich spürte, wie mein gutes Bein allmählich steif wurde und mit Synovialflüssigkeit anschwoll. Mein ursprünglich verletztes Knie war noch immer fest einbandagiert und schmerzte zu sehr, als daß ich auf seinem Fuß hätte stehen können. Ich hopste daher auf einem Bein herum, dessen Knie ich mir beinah ausgerenkt hatte, und dachte bei mir, daß ich wahrscheinlich bald überhaupt nicht mehr würde aufrecht stehen können, sondern das Bett hüten müßte. Schweren Herzens schlief ich ein.

Als ich erwachte, versuchte ich, ohne Hilfe das Badezimmer zu erreichen. Ich war nicht wenig verblüfft, daß ich plötzlich auf dem Fuß stehen konnte, den ich seit dem ersten Unfall nicht mehr hatte benützen können. Irgendwie hatte das Trauma des bisher guten Knies das verletzte Bein brauchbarer gemacht. Wäre es schon früher so gut gewesen wie jetzt, ich hätte niemals hüpfen müssen.

Ich glaubte, den Verstand verloren zu haben. Wie

konnte ein Bein, dessen Knie mich mehrere Monate lang gehindert hatte, darauf zu stehen, plötzlich brauchbar und beinahe schmerzfrei werden? Noch dazu, nachdem der Quadriceps dieses Beins, wie das nach schweren Meniskusverletzungen zu geschehen pflegt, stark geschwunden und der Oberschenkel sichtlich dünner war? Mir schien, daß der verkümmerte Quadriceps plötzlich genügend Tonus bekommen hatte, um mir zu erlauben, auf diesem Fuß zu stehn. Von einer so wunderbaren Veränderung in einem verletzten Knie, dessen physische, anatomische Anomalien in den Röntgenbildern deutlich zu sehen waren, hatte ich noch nie gehört. Kalter Schweiß überzog mein Gesicht, und ich wußte nicht, ob ich wachte oder träumte. Mich auf Möbel stützend, versuchte ich mich zu bewegen. Kein Zweifel, mein Gewicht wurde von dem schlechten Bein getragen; das andere, auf dem ich herumgehüpft war, war zum Hilfsbein geworden. Das alte verletzte Knie ließ sich zwar nicht ganz aufgraden, und ich stand eher auf den Zehen als auf der Ferse, aber es gab keinen Zweifel, daß es den Großteil meines Gewichtes trug.

Aus Angst, mich lächerlich zu machen, erzählte ich niemandem davon. Was da geschehen war, blieb mir ein Rätsel, so sehr, daß ich überzeugt war, geistig nicht ganz in Ordnung zu sein. Es schien undenkbar, daß ein Knie so plötzlich, innerhalb weniger Stunden, heilen könnte. Tatsache blieb dennoch, daß das Pech mit dem guten Knie dem schlechten zum Glück angeschlagen und es gebessert hatte. Erst als ich viele Jahre später Speranskys *Grundlagen der Theorie der Medizin* las, ging mir auf, daß solche Veränderungen nur verständlich werden, wenn man sie auf das Nervensystem zurückführt. Ich darf hinzufügen: ich hatte es mir gedacht; aber ich hatte nicht gewagt, es auszusprechen oder nach einer so verrückten Annahme zu handeln. Wird in der motorischen Großhirnrinde eine Stelle gehemmt, so kann dies den Zustand der angrenzenden, symmetrischen Stelle derart verändern, daß es sie sogar reizen, ja die bestehende Hemmung verringern kann. Pawlow war der Ansicht, daß eine erregte Stelle in der Hirnrinde notwendig von einem Hemmungsfeld umgeben ist. Damals, zur Zeit meiner Verletzungen, schien es mir sehr ausgefallen, auch nur in Betracht zu ziehen, daß man in einer anatomischen Struktur etwas ändern könnte, indem man etwas in der Funktionsweise des Gehirns änderte, wozu, verglichen mit einer Änderung im Skelett, nur eine geringfügige Menge Energie vonnöten ist. Später sammelte ich Berichte über ähnliche Vorfälle. Frau Dr. Spitz, eine Zahnärztin, die eine ganze Generation von Zahnärzten ausgebildet hatte, fragte ich, ob ihr je vorgekommen sei, daß ein Patient mit einer Zahninfektion auf der einen Seite auf dieser selben Seite wieder kauen konnte, wenn die andere Seite ein Trauma erlitten habe. Aus ihrer langjährigen Erfahrung erinnerte sie sich an drei Fälle, gestand aber, nie darüber gesprochen, sondern sie lieber vergessen zu haben, da sie dafür keine rationale Erklärung hatte finden können. Bei Hemiplegien beginnt fast zur gleichen Zeit, da der Quadriceps des gelähmten Beins zu verkümmern und das Bein dünner zu werden anfängt, die andere Seite einen erhöhten Tonus aufzuweisen. Speransky war nach Pawlows Tod Leiter des Pawlow-Instituts geworden und hatte von Ärzten aus ganz Rußland Berichte gesammelt über ähnliche Phänomene, wie er sie selbst beobachtet hatte. Nach einer Injektion in den Arm traten am andern Arm an der entsprechenden Stelle Veränderungen auf, welche das seitenverkehrte Bild der Einspritzung und des sie umgebenden Ödems ergaben. Er konnte dafür keine Erklärung finden, die nicht das Nervensystem miteinbezogen hätte.

Karl H. Pribram gab mir die Ehre, meinen Kurs in San Francisco öfters zu besuchen, und als er einmal meinen

Studenten Rede und Antwort stand, fragte ich ihn nach einer Erklärung für meine Beobachtung, daß, wenn man ein Ohr innen wiederholt berührt, in Hand und Fuß der gleichen Körperseite ein Gefühl der Wärme entsteht. Die Erweiterung der Kapillare und die entsprechend erhöhte Blutversorgung werden vom autonomen Nervensystem ausgelöst, von dem, meines Wissens, keine Verbindungen zum Ohr führen. Professor Pribram, der zu Beginn seiner großen Laufbahn als Forscher Gehirnchirurg gewesen war, erzählte uns daraufhin, er habe einmal an einem Patienten in der Ohrgegend operieren müssen und, während er operierte, um die Lippen des Patienten herum Schweiß bemerkt. Er habe darüber vor fünfundzwanzig Jahren etwas publiziert, und dort könnte ich auf meine Frage die Antwort finden.

Wir brauchen eine phantasievollere wissenschaftliche Einstellung, um die wechselseitig miteinander verbundenen Funktionen aller Aspekte unserer selbst im ganzen und als ein Ganzes zu verstehen, statt uns mit der bequemen, aber ungenauen Vorstellung lokalisierter Funktionen zu begnügen. Es ist ein sehr komplexes Problem, und wir werden auf einige Überraschungen gefaßt sein müssen, bevor wir auch nur die Fundamente gelegt haben werden, auf denen ein Bauwerk des Wissens und klaren Verstehens sich errichten läßt.

So, jetzt sind wir bereit, unsere Haltung näher anzuschauen.

Alle Tiere haben ihre eigene Art, im Schwerefeld von sich Gebrauch zu machen; aber ihre Bewegungen sind zuerst erforschend, um dann in Aktion wach und aufmerksam zu sein. Von sich Gebrauch machen, das bedeutet vor allem: sich fortbewegen, und das geschieht gewöhnlich, indem die Konfiguration des Körpers verändert wird. Zwischen einer Fortbewegung und der nächsten liegt immer ein

Augenblick, da der Körper am Ort zu verharren scheint, also gleichsam reglos ist, und dieser Moment relativer Bewegungslosigkeit ist charakteristisch für jede Spezies, einschließlich des Menschen: er ist das spezifische Merkmal eines bestimmten Körpers. Wie immer der Körper als Ganzes sich fortbewegen oder welche eher stationären Änderungen er in der Konfiguration seiner Teile auch ausführen mag: er muß dabei durch einen Punkt hindurch, an dem er praktisch reglos ist. Dieser Punkt ist seine Haltung.

Man kann die Haltung eines Tiers mit der »Haltung« eines schwingenden Pendels vergleichen. Gleichviel ob die Schwingung groß oder klein ist, das Pendel wird immer den Punkt der Reglosigkeit durchqueren, den wir als seine Haltung ansehen können. Ausgangsposition für eine Schwingbewegung kann einzig die Konfiguration des senkrechten Hängens sein, und das Pendel wird bei jeder Schwingung die Konfiguration dieser seiner »Haltung« durchqueren.

Dieser Vergleich bedarf einer wichtigen Korrektur; sie wird nicht lange auf sich warten lassen. Betrachten wir's einmal anders. Jede Tierart hat eine für sie charakteristische Haltungsweise, die wir uns gewöhnlich als ein Stehen denken, obwohl dynamisch gesehen das Stehen die Konfiguration des Körpers ist, von der jede Handlung ausgeht. Bevor es liegt, läuft, schwimmt, kopuliert oder was immer sonst, kehrt das Tier ins Stehen zurück. Und bei den meisten seiner Tätigkeiten durchquert das Tier seine Konfiguration des Stehens, bevor es bis auf weiteres in sie wieder zurückkehrt. Wenn wir sitzen, so haben wir uns aus dem Stehen hingesetzt. Wenn wir springen, schwimmen, etwas heben oder werfen oder sonst etwas tun, so gehen wir vom Stehen aus und hören im Stehen auf. Betrachtet man die Bahn, die der Schwerpunkt eines Körpers zwischen zwei Handlungen durchmißt, so wird diese notwendig durch den Punkt führen, wo er sich im Stehen befindet: von hier wird seine

Bahn ausgehen und hier wird er wieder zu lokalisieren sein, wenn die Handlung oder Tätigkeit aufhört. Ich betrachte Haltung daher als den Teil der Bahn eines sich bewegenden Körpers, von welchem jede Fortbewegung notwendig ausgehen und an welchem sie aufhören wird. Dies ist Haltung dynamisch gesehen, nämlich unter dem Aspekt der Bewegung, die ja das allgemeine Merkmal des Lebens ist. Statische Unbeweglichkeit am selben Ort und in derselben Konfiguration bedroht das Leben oder bedeutet sein Ende. Ein totes Tier hat seine charakteristische Haltung verlassen und ist zu einer statischen Konfiguration geworden, die für das Leben bedeutungslos ist.

Hier nun die Korrektur: der Vergleich mit dem Pendel stimmt insofern nicht, als das Pendelgewicht gewöhnlich an der tiefstmöglichen Stelle des Pendels liegt – wie bei einem toten Tier. Ein »lebendes« Pendel hat seinen Schwerpunkt am höchstmöglichen Punkt, und diese Stellung ist charakteristisch für Anfang und Ende jeder Fortbewegung, die es macht. Ein solches »lebendes« Pendel wäre etwa ein Stock mit einer Kugel an seinem oberen Ende. So wird der Vergleich etwas stimmiger, da bei diesem Pendel, wenn es stillsteht, der Schwerpunkt an der höchstmöglichen Stelle liegt. Das ist zwar möglich, aber ebenso schwierig, wie es für uns ist, vollkommen reglos zu stehen.

Die Hauptunterschiede zwischen der Vegetation, die ja ebenfalls lebt, und dem Tierreich liegen in der Art der Fortpflanzung, der Ernährung und der Selbsterhaltung. Bei Tieren geschehen diese Funktionen durch Veränderungen des Orts und der Stellung, also durch selbstbestimmte Bewegung, während Pflanzen, mindestens vergleichsweise bewegungslos, statisch in der Erde verwurzelt sind.

Kein Tier kann sich fortpflanzen, ohne sich zu paaren; und Partnersuche wie Paarungsvorgang sind ohne Bewegung unmöglich. Bäume brauchen, um Entsprechendes zu erzielen, sich nicht von der Stelle zu rühren – obwohl auch bei Pflanzen etwas Bewegung nötig ist, wenn ihre Fortpflanzung zustandekommen soll. Der Unterschied liegt vor allem darin, daß bei Tieren alles überwiegend dynamisch und aktiv ist, während Pflanzen weitgehend statisch, bewegungslos und passiv sind.

Selbst eingeschränkte oder fehlerhafte Bewegung, wenn deren Anfang und Ende die charakteristische Haltung des betreffenden Tieres ist, braucht für die Fortpflanzung kein Hindernis zu sein. Behinderte und Geisteskranke können sich genügend bewegen, um sich fortzupflanzen. Auch die Zeit spielt keine entscheidende Rolle für sie, und fast jede Haltung ist gut genug. Beachten Sie übrigens, wie umständlich die Sprache ist: wenn Sie die letzten Absätze wiederlesen, so wird Ihnen auffallen, daß ich in ihnen die üblichsten Ausdrucksweisen für das, was ich sagen wollte, vermieden habe. Die Welt ist nicht nur schwarz und weiß, sie weist auch alle möglichen Schattierungen von Grau auf. Verständigung ist einfacher unter Freunden, wenn sie für die Wörter gemeinsam den Sinn festgelegt haben, als wenn man sich genau ausdrücken muß, um auch von denen verstanden zu werden, die mehr als nur eine verschwommene Ahnung bekommen möchten.

Anders verhält es sich, für Tiere wie für Pflanzen, mit dem Selbstunterhalt, der Ernährung. Ich glaube, nur Kamele können ohne Wasser nahezu zwei Wochen leben. Ich habe das nicht selber nachgeprüft, es nur als Binsenwahrheit gesagt bekommen von Beduinen, denen das Kamel beinahe ebenso wichtig ist wie sie selbst. Betrachtet man auch die Luft als Nahrung – was sie, genau genommen, auch ist –, dann sind wir in der Ernährung besonders gefährdet, denn da kann es eine Frage von Minuten sein, ob wir überleben oder nicht. Die Aufnahme von Wasser und sein Verlust durch Atmung und Schwitzen beschränken das Überleben auf einige wenige Tage, außer vielleicht für das Kamel und für einige Insekten. Um die sonstige Nahrung ist es allgemein weniger kritisch bestellt als um Wasser und Luft. Kurz, Luft, Wasser und Essen sind für das Überleben des Einzelwesens weitaus wichtiger als die Fortpflanzung. Die Menge an Stoffen, die ein Tier aufnehmen kann, können für ein paar Minuten, für wenige Tage oder für ungefähr eine Woche ausreichen. Sie können ja einmal für sich über das Überleben einer Vegetation ohne Feuchtigkeit nachdenken. Denken Sie an Wüstenpflanzen, an die Auswirkungen von Hitze und Frost auf Pflanzen wie auf alle Lebewesen, die sich bewegen, einschließlich des Menschen.

Temperatur und Ernährung können Bewegung, selbst unter optimalen Bedingungen, sehr viel ernster gefährden. In bezug auf Luft, Wasser, Temperatur und Ernährung beträgt die kürzeste Überlebensspanne immerhin noch Minuten oder Tage. Diese Grenze wird denn auch die der Fortpflanzungsfunktion. Für das Überleben entscheidend ist jedoch der kleinste, der niedrigste Wert. Haltung als die Durchgangskonfiguration zwischen Anfang und Ende jeder Bewegung ist in ihrer Bedeutung hier viel entscheidender als bei der Fortpflanzung. Gesunde, bewegliche, funktionsgerecht organisierte Menschen und Tiere haben bessere Überlebenschancen als geisteskranke oder behinderte.

Das dritte biologische Kriterium der Haltung ist, wie schon gesagt, die Selbsterhaltung, und dieser Aspekt ist der kritischste, da er das Überleben auf den Bruchteil einer Sekunde, im Glücksfall auf wenige Sekunden, beschränken kann. Da Selbsterhaltung das knappste Maß guter Bewegung und da gute Haltung ein bestimmtes Moment innerhalb eines guten Bewegungsablaufs ist, kann Selbsterhaltung uns helfen, Haltung genauer zu beschreiben. Unsere

Jäger-Vorfahren, die vor nur zehn- oder fünfzehntausend Jahren gelebt haben, hatten ihre Bewegungen und damit auch ihre Haltung so vervollkommnet, daß sie, ohne die Krallen oder die Eckzähne von Raubtieren zu haben, ohne Hörner und Hufe, ihre Nachfahren einzig durch flinke und geschickte Bewegung in den Stand gesetzt haben, zu Herrschern über die gesamte Tierwelt zu werden. Wo immer eine Gruppe Menschen sich niederließ, mußten Löwen, Schlangen, Eber, Elefanten, mußten die geschicktesten, stärksten und mächtigsten Tiere weichen, den Rückzug antreten oder umkommen, weil das schwächste von allen, der Jäger-Mensch, das Wesen mit dem prekärsten Gleichgewicht, ihnen überlegen war. Um eine Vielfalt von Bewegungen zu ermöglichen wie auch die Fähigkeit, eine Bewegung anzuhalten, zu ändern oder fortzusetzen, mußte ein rasches Gehirn sich sehr schnell entwickeln. Die angeborene Schwäche des menschlichen Körperbaus muß etwas damit zu tun gehabt haben, daß die Menschen sich zusammenrotteten, sowie mit ihren Stammesgewohnheiten und ihrem Sippenleben.

Wo sie ihr Bestes erreicht, ermöglicht die menschliche Haltung eine solche Vielfalt von Bewegungen, daß sie den Menschen – und nicht, wie man es uns als Kindern erzählt hat, den Löwen – zum König der Tierwelt macht. Wir haben schon gesehen, daß beim Menschen infolge der Höhe des Kopfes, der Schultern und der beiden Arme der Schwerpunkt sehr hoch oben liegt. Eine solche Struktur kann sich nur dann leicht bewegen, wenn sie dynamisch gebraucht wird – und da haben wir wieder die Schwierigkeiten, die schon in der Sprache stecken, denn jede Bewegung ist dynamisch. Um sich den Unterschied zwischen dynamischem und statischem Gebrauch unserer selbst sinnfällig zu machen, genügt es, sich die Stabilität eines Körpers vorzustellen, dessen Schwerpunkt sehr weit unten liegt. Ein Gegenstand, dessen Masse zum überwiegenden Teil nah beim Boden ist, muß vorerst mit irgendeiner Art von Kraft oder Energie geladen werden, bevor er sich erheben und, während er sich fortbewegt, sein Eigengewicht tragen kann: er muß jede Bewegung langsam anfangen und braucht, bevor er sich überhaupt in Bewegung setzen kann, eine ausreichende Energiezufuhr. Ein Gegenstand dieser Art ist zum Beispiel ein Flugzeug. Solche Körper sind ihrem Wesen nach statisch und müssen, nachdem die Energiezufuhr eingesetzt hat, zuerst einmal Schwung gewinnen. Ihre Struktur macht ihren Start schwerfällig und langsam.

Wenn der menschliche Körper sich erhebt, erzeugt und speichert er dabei Energie; und indem er sich aufrichtet, um zu stehen, hebt er seinen Schwerpunkt an die höchste Stelle, die mit seiner Struktur vereinbar ist. Gewöhnlich speichert der menschliche Körper potentielle Energie, um im Schwerefeld eine von fünfen der sechs Grundbewegungen im Raum anzufangen. Um sich nach rechts, nach links, abwärts, vorwärts oder rückwärts zu bewegen, braucht er, sobald er steht, nur loszulassen, da die Energie durch sein Aufstehen gespeichert wurde und sich in kinetische Energie umwandeln wird, indem er gleichsam nur die Bremsen löst. Der Beginn der Bewegung ist so schnell wie die Absicht, sich zu bewegen, oder, anders gesagt, wie die Absichten der motorischen Hirnrinde.

Die Haltung des Menschen gehorcht also den Gesetzen der Dynamik auch dann, wenn er reglos ist. Reglosigkeit ist demnach ein bestimmter Punkt auf der Bahn der Bewegungen. Man kann eine Bewegung anhalten, sie in der ursprünglichen Richtung fortsetzen oder ihre Richtung beliebig ändern. Ein Körper in statischem Gleichgewicht, d. h. mit tiefliegendem Schwerpunkt, hat, wenn er sich in Bewegung setzen möchte, bereits zuviel Trägheit zu überwinden, um die Richtung ändern zu können.

Nervenleitungen und Muskelkontraktionen arbeiten nach dem dynamischen Prinzip. Um in Aktion zu treten, brauchen sie nicht zu warten, bis die Energiezufuhr angedreht wird. Der Nerv hat seine Energie gespeichert, er wird nachher wieder aufgeladen und ist so für eine weitere Entladung bereit. Muskelfasern ziehen sich zusammen und laden sich danach wieder auf, um für die nächste Kontraktion bereit zu sein, und auch dies geschieht praktisch – wenn auch natürlich nicht absolut – im gleichen Augenblick.

Durch seine Haltung ist der Mensch den Tieren noch in anderer Hinsicht überlegen. Ein Vorteil, der schon längst erkannt worden ist, liegt in der Befreiung der Arme vom Gewichttragen. Dies, zusammen mit der Schnelligkeit unseres Gehirns, hat die spezifisch menschliche Fähigkeit des Manipulierens ermöglicht. Bei Menschenaffen sind Arme, Hände und Muskeln den unseren fast gleich, nicht aber die Daumen, die nicht tun können, was der menschliche Daumen tun kann. Die Fähigkeit, die Daumenspitze einer Hand der Spitze jedes anderen Fingers gegenüberzustellen, ist für unsere manipulative Geschicklichkeit entscheidend; und betrachtet man diese Geschicklichkeit, so ist sie in der Tat verblüffend. Die Finger eines Klavier- oder Geigenvirtuosen bewegen sich schneller als wir die Augen schließen können. Auf eine Vierundsechzigstelsekunde genau zu sein oder eine Bewegung in ihrer Kraft beliebig abstufen zu können, das sind Dinge, wie man sie so leicht nicht anderswo finden wird.

Weder ist die menschliche Haltung einfach, noch ist sie leicht zu erzielen. Sie setzt langes und anspruchsvolles Lernen voraus. Der Lernprozeß, den jeder durchmachen muß, der sich zum qualitativ besten Funktionieren bringen möchte, das seine Struktur erlaubt, ist mindestens ebenso bemerkenswert wie irgendetwas sonst in der Natur.

Betrachten wir einmal kurz, was an Möglichkeiten in der menschlichen Haltung beschlossen liegt. Dank ihr kann der Mensch auf einem Drahtseil die Niagarafälle überqueren, und das kann keine Katze, nicht einmal mit einer Balancierstange in der Schnauze. Er kann stabspringen, beim Eislaufen allerlei Figuren ziehen, virtuos trommeln, beim Stierkampf dem anstürmenden Stier erst in dem Augenblick ausweichen, da er mit dem Horn die rote Capa schon berührt. Er kann skispringen, kann, wie Rastelli, mit zehn Gegenständen auf einmal in der Luft jonglieren, dreihundert Zeichen in der Minute tippen, stepptanzen, auf dem Trapez Akrobatik vollführen, Flamenco tanzen und wirbeln wie ein Derwisch. Perlentaucher können bis zu fünf Minuten lang in der Tiefe bleiben, und es gibt Leichtathleten wie jenen Olympiasieger, der auf der obersten Sprosse einer freistehenden Leiter einarmig den Handstand machen konnte. Bedenken Sie die Präzision beim Messerwerfen, oder was es braucht, um Mikrouhren herzustellen: um eine Schraube einzuschrauben, die nur durch ein Mikroskop sichtbar ist: welche Feinheit, welche Genauigkeit der Bewegung. Sie werden diesen nicht eben kurzen Katalog leicht erweitern können. Die Bewegungen des Menschen, seine Geschicklichkeit sind eine Herausforderung an die Phantasie.

Keine dieser Fertigkeiten ist angeboren. Alle sind erlernt. Wie lernen wir? Was verstehen wir unter Lernen? Wie wird die menschliche Haltung erlernt? In den sehr seltenen Fällen, da ein Menschenkind von Tieren und außerhalb der menschlichen Gesellschaft aufgezogen wurde, ist es vorwiegend auf allen Vieren gegangen wie ein Affe, hat sich nur halb aufgerichtet und selbst das nur für kurze Zwischenzeiten. Was man lernt, kann auch nur halb gelernt werden; man kann es sogar schlecht lernen; und man kann Falsches lernen. Daher die große Vielfalt menschlicher

Haltungen, die selbstverständlich nicht alle gleich gut sind. Wir haben schon erwähnt, daß unser Gehirn sich gleichzeitig mit dem Erlernen verschiedener Fertigkeiten entwickelt hat, und werden darauf noch zurückkommen.

»Haltung« ist ein zweideutiges Wort: man kann auch von innerer Haltung sprechen. Tatsächlich hängen Haltung und Einstellung wechselseitig so eng voneinander ab, daß die meisten Menschen, die über ihre Haltung klagen, zugleich den Verdacht empfinden, daß auf dem Grunde ihres Wesens etwas nicht ganz in Ordnung sei. Viele meinen, es wäre ihnen schon geholfen, wenn man ihre Haltung korrigieren würde. Ich meine, das stimme nur beinahe und nicht ganz. Haltung kann zwar verbessert, nicht aber berichtigt werden. Einzig der Begriff einer idealen Haltung könnte als korrekt angesehen werden; solch eine Haltung aber könnte es nur zusammen mit einem idealen Gehirn und Nervensystem geben. Ideale Modelle dieser Art kommen in der Wirklichkeit nicht vor. Man kann sich ihnen mehr oder weniger nähern, aber eben nur nähern, und es gibt fast ebenso viele Annäherungswege als es Radien in einem Kreise gibt.

Zusammenfassung

Wenn uns keine Wahl als die einer einzigen Bewegungs- oder Handlungsweise bleibt, kann Angst so groß werden, daß wir nicht einmal diese eine mögliche Bewegung ausführen können. Legen Sie ein fünfundzwanzig Zentimeter breites Brett auf den Boden und gehen Sie darauf von einem Ende zum andern, gehen Sie tatsächlich oder stellen sich visuell oder kinästhetisch nur vor, daß und wie Sie es tun. Heben Sie nun das gleiche Brett auf eine Höhe von etwa drei Meter, stützen es an den Enden und in der Mitte, damit es ebenso stabil, ebenso starr ist wie der Boden selbst, steigen Sie hinauf, stellen Sie sich auf das Brett und versuchen Sie wie vorhin, von einem Ende zum andern zu gehen, gehen tatsächlich oder stellen sich – wie vorhin angedeutet – vor, daß Sie es tun. Merken, spüren, sehen Sie, wie Sie das Verhaltensschema der Angst erzeugen. Hat es etwas mit dem Schema der Angst vor dem Fallen zu tun? Und doch gibt es Menschen, die gelernt haben, einen Abgrund auf einem Baumstamm oder einem Balken zu überqueren. Wie würden Sie sich anstellen, um das zu tun?

Das Körperschema der Angst

Angst ist auch ein positives, nützliches Phänomen. Sie schützt uns davor, daß wir riskieren, was uns am Leben gefährden könnte. Angst tritt ein, wenn wir zuinnerst wissen, daß wir keine Wahl haben — keine alternative Handlungsweise.

Setzen Sie sich auf ein Brett drei Meter überm Boden, lassen Sie die Beine baumeln und schieben Sie sich mit Hilfe der Hände von einem Ende zum andern . . . Keine Alternative zu haben hindert uns, unsere Mittel zu gebrauchen, unsere schöpferische Einbildungskraft. Die Angst hält unsere Wahl bei der einen Alternative, welche Angst erzeugt.

Wir können nicht andere werden. Ein Chinese wird sich nie in einen Eskimo verwandeln. Aber es gibt Änderungen, die in uns geschehen. Leben ist zeitgebunden. Es ist ein Prozeß des Tuns, für den man sich innerlich organisieren muß, um den Veränderungen draußen begegnen oder sie bewirken zu können. Wir lernen uns innerlich organisieren, um Herausforderungen begegnen oder andere herausfordern zu können. Bei Angst wird unsere innere Organisation inadäquat oder fehlerhaft, dementsprechend auch unsere Handlungen, und wir schneiden dann schlecht ab. Je mehr unsere Absichten und Handlungen festgelegt sind, desto weniger wirksam sind sie. Leben ist ein Vorgang der Zeit, und Zeit kann man nicht fixieren.

Wenn wir nicht lernen, uns selbst zu erkennen, und zwar so gut als möglich, beschränken wir unsere Wahl. Ohne Freiheit der Wahl ist das Leben nicht eben süß. Änderung ist sehr schwierig, wenn keine Alternativen abzusehen sind.

Dann resignieren wir, beschränken uns, finden uns damit ab, daß wir mit unseren Schwierigkeiten nicht fertigwerden, als hätte der Himmel sie über uns verhängt.

McDougall unterscheidet vierzehn verschiedene Instinkte: den Eltern-, den Geschlechtsinstinkt, den der Nahrungssuche, Furcht oder Flucht, Kampf, Konstruktivität, Neugier, Widerwillen, Habgier, das Flehen (als Gegenstück zum Elterninstinkt), den Herdeninstinkt (die Neigung, sich zusammenzurotten), Selbstbehauptung, Unterwürfigkeit und Lachen. Pawlow meint, es gebe einen Instinkt für Freiheit: daß ein Tier sich sträube, angebunden oder in einen begrenzten Lebensraum gesperrt zu werden; beides schränkt seine Beweglichkeit ein.

In der Physiologie ist ein Instinkt eine komplexe Integration angeborener, unbedingter Reflexe, zum Unterschied von erworbenen und bedingten. Die angeborenen Reflexe sind charakteristisch für das Zentralnervensystem je irgendeiner gesamten Tiergattung. Sie sind ererbt und ihr Entstehen daher weitgehend unabhängig von individueller Erfahrung. Der Begriff »Instinkt« wird sonst zu lose gebraucht und dadurch zur Quelle zahlreicher falscher Vorstellungen und Mißverständnisse.

Betrachtet man irgendeinen Instinkt, so wird man eine bemerkenswerte Entdeckung machen: daß unter allen Instinkten nur einer Bewegung hemmt, nämlich die Furcht. Wenn ein Tier erschrickt, erstarrt es, oder es rennt davon. Im einen wie im anderen Fall hält es zunächst kurz inne. Dieses Innehalten wird erzeugt von der ersten Reaktion auf den Reiz, der die Furcht ausgelöst hat: einer heftigen Kontraktion sämtlicher Beuger, vor allem im Unterleib, und einem Anhalten des Atems, worauf bald eine ganze Reihe vasomotorischer Störungen folgt, z. B. beschleunigter Puls, Schwitzen, auch Harnlassen und sogar Stuhlentleerung.

Beim Beugen des Knies zieht sich die Kniesehne zusammen. Ihr Gegenwirker, der Quadriceps – ein Streckmuskel, der gegen die Schwerkraft arbeitet –, kann sich daher nicht genügend zusammenziehn, um das Knie zu strecken. Die Kontraktion der Beuger hemmt ihre Gegenwirker oder Antagonisten, die Strecker, die wir auch als die Muskulatur verstehen können, welche der Schwerkraft entgegenwirkt. Keine Fortbewegung ist möglich, bevor diese erste Reaktion vorüber ist. Eine solche erste Hemmung der Strecker geht zusammen mit all den Empfindungen, von denen Furcht begleitet wird. Auf den ersten Blick mag das überraschen. Man würde als erstes eher eine Reaktion erwarten, die das bedrohte Tier so schnell wie möglich aus der Gefahrzone entfernt. Das geschieht dann nicht, wenn der Furcht auslösende Reiz zu nah oder zu heftig ist. Der heftige Reiz erzeugt eine Kontraktion sämtlicher Beuger, und diese erste Kontraktion löst in den Streckern den Streckreflex aus. Diese werden dadurch eines größeren Kraftaufwands fähig, sei's zum Kampf, sei's zur Flucht. Die erste Kontraktion der Beuger erlaubt dem Tier aber auch, zu erstarren und sich tot zu stellen, wenn die Gefahr zu nah ist. Alle übrigen Störungen entstehen durch ein Ansteigen des Adrenalinspiegels im Blut: eine Vorbereitung für heftige Anstrengungen des Herzens und der übrigen Muskulatur.

Ein Neugeborenes ist für langsame und geringe äußere Reize so gut wie unempfindlich. Bei Geburt reagiert es kaum auf Licht, Geräusch, Geruch oder sogar auf mäßiges Zwicken. Es reagiert heftig, wenn man es in kaltes oder heißes Wasser taucht. Auch wenn man es abrupt senkt oder ihm seine Unterlage oder Stütze jäh entzieht, wird man eine heftige Kontraktion aller seiner Beuger beobachten sowie ein Anhalten des Atems, gefolgt von Weinen und allgemein vasomotorischen Störungen wie Schwitzen, beschleunigtem Puls usw.

Die Ähnlichkeit der Reaktionen eines Neugeborenen, wenn man ihm die stützende Unterlage entzieht, mit denen eines Erwachsenen auf Furcht und Erschrecken ist bemerkenswert. Die Reaktion aufs Fallen ist bei Geburt vorhanden, demnach angeboren und von individueller Erfahrung unabhängig. Es ist daher richtig, von der instinktiven Reaktion auf das Fallen zu sprechen.

Von Charles Darwin gibt es ein Buch über den *Gefühlsausdruck bei Mensch und Tier* (1872). Trotz vielen Ungenauigkeiten ist es ein sehr wichtiges Buch, und ich glaube, man wird es mit der Zeit für das erste zuverlässige Werk auf dem Gebiet der Psychologie erkennen. Es enthält mehr Fakten über am lebenden Körper wahrgenommene Gefühle als viele jüngere Abhandlungen über Psychologie. Die Furcht-Haltung, das Kopfsenken, das Sich-Zusammenkauern, das Beugen der Knie usw., wie Darwin sie hier beschreibt, sind Details der Kontraktion sämtlicher Beuger, soweit diese mit dem Stehen vereinbar ist.

Eine Reaktion, welche derjenigen ähnelt, die der Erwachsene als Furcht empfindet, kann beim Neugeborenen nur dadurch hervorgerufen werden, daß man seine Lage im Raum abrupt ändert. Wenn es dann, etwa drei Wochen nach der Geburt, besser zu hören beginnt, wird es auch auf starke Geräusche reagieren. Bekanntlich strahlen und breiten sich Reize, bestimmten Gesetzen gemäß, desto mehr aus, je stärker sie sind. Wird eine Hand auch nur mäßig gezwickt, so wird diese Hand reflexiv zurückgezogen. Zwickt man sie stärker und hindert sie daran, sich zu bewegen, so wird der andere Arm zucken. Verstärkt man den Reiz noch mehr, so kann es geschehen, daß die Beine und der ganze Körper in Bewegung geraten.

M. A. Minkowski hat an menschlichen Embryos extreme Ausstrahlungen beobachtet, d. h. die Ausbreitung einer Erregung über das gesamte Nervensystem. Kratzt man z. B. die Fußsohle, so reagiert die gesamte Muskulatur, also auch Rumpf, Hals und Kopf. Auch bei Neugeborenen breiten Erregungen sich mehr aus als bei Erwachsenen. Starke Geräusche reizen den Schneckenzweig des Gehör-, d. i. des achten Schädelnervs. Die Erregung greift auf den Vorhofzweig des gleichen Nervs über. Diese Ausstrahlung geht nicht von diesem Nerv selbst aus, sondern von den ersten Relais und im Erwachsenen vielleicht von noch höheren Zentren.

Der achte Schädelnerv gabelt sich nah beim Innenohr in zwei Zweige: den Schneckenzweig, der mit dem Gehör, und den Vestibular- oder Vorhofzweig, der mit dem Gleichgewicht zu tun hat. Schlägt man bei Testut oder in Shaefers Anatomie nach, so kann man sehen, wie eng und wie vielfältig diese beiden Zweige miteinander verknüpft und verbunden sind. Die Ausbreitung starker Impulse beschränkt sich natürlich nicht nur auf diese beiden Zweige des achten Schädelnervs: weiter oben, in der oberen Olive (einem Teil der Medulla oblongata), werden Reizungen durch starke Geräusche sich weiter ausbreiten und den zehnten Schädelnerv reizen, durch den das Anhalten des Atems ausgelöst wird.

Auf die gleiche Weise werden sich starke Impulse vom Vorhofzweig aus in die obere Olive ausbreiten und ein Anhalten des Atems verursachen. Das Anhalten des Atems ist eine jähe Störung in der Herzgegend. Was als Angst empfunden wird, ist diese Störung in den Gegenden des Herzens und des Zwerchfells. Manche beschreiben sie als ein Gefühl, als ob einem das Herz aus dem Leibe fiele, oder als ein Gefühl der Kälte unmittelbar unterm Brustbein.

Der Vorhofzweig des achten Schädelnervs innerviert die Bogengänge und den otolithischen Apparat. Jene registrieren jegliche Änderung im Beschleunigen von Bewegung, während der otolithische Apparat langsame Kopfbewegungen relativ zur Senkrechten empfindet.

Die Reaktion, die der Erwachsene als Fallangst deutet, ist demnach angeboren, ererbt und bedarf keiner eigenen Erfahrung, um wirksam zu werden. Jedesmal, wenn man ein Neugeborenes plötzlich und heftig senkt, wird die ganze Reihe von Reflexen ausgelöst, die wir als die Reaktion aufs Fallen verstehen. Die erste Erfahrung von Angst ist daher verbunden mit einer Reizung des Vorhofzweigs des achten Schädelnervs.

Der Fötus lernt hören im Mutterschoß. Dort sind die Geräusche zwar nicht laut, werden aber durch Flüssigkeiten besser übertragen. Ein Säugling wird auf sehr laute, jähe Geräusche heftig reagieren, denn das sind die einzigen, die ihn berühren. Der Reiz ist sehr stark und greift vom »hörenden« Schneckenzweig auf den Vorhofzweig über. Das Geräusch muß notwendig nah an der Gefühlsschwelle sein und wird wahrscheinlich als Schmerz empfunden. Das Kind schrickt zusammen, und durch die ruckartige Kopfbewegung werden zusätzlich auch die Bogengänge unmittelbar gereizt.

Die Topologie der Innervation des Ohrs ist derart beschaffen, daß laute Geräusche leicht mit Furcht assoziiert werden. Sie erklärt auch, warum die Lärmangst so oft und von so vielen irrtümlich für die erste nicht bedingte Furcht gehalten worden ist. Bei Menschenaffen und beim Menschen ist die Angst vor starken Geräuschen kein wesentlicher Faktor der natürlichen Auslese. Das Neugeborene ist so hilflos, daß seine Mutter es ständig herumträgt; es würde also, wenn es vor lauten Geräuschen keine Angst hätte, dadurch nicht gefährdeter sein. In frühester Kindheit ist die Lärmangst keine entscheidende biologische Notwendigkeit.

Aber das Neugeborene der auf Bäumen lebenden Primaten hat, wenn es vom Baum fällt (wie das manchen zufällig und vielen bei Erdbeben widerfahren mochte), einige Aussicht zu überleben, wenn sein Brustkorb durch eine heftige Kontraktion der Bauchmuskulatur federnd gemacht und der Atem angehalten wird bei – durch die allgemeine Kontraktion der Beuger – vom Boden weggebeugtem Kopf. Dies verhindert, daß der Hinterkopf auf den Boden schlägt, und sorgt überdies dafür, daß die Körperstelle, die auf den Boden prallt, an einer stark gebeugten Wirbelsäule ist und zwar in der Gegend der unteren Brustwirbel oder noch weiter unten und dem Schwerpunkt noch näher. So wird der Aufschlag zu einem tangentialen Stoß in Richtung der Rückgratstruktur beidseits der Aufschlagstelle und wird von den Knochen, Bändern und Muskeln abgefangen, statt zu den inneren Organen weitergeleitet zu werden und den Körper tödlich zu verletzen. Man darf annehmen, daß dies ein entscheidender selektiver Faktor war und daß Junge, die aufs Fallen nicht in dieser Weise reagierten, weniger Chancen hatten, sich fortzupflanzen. Die überlebende Art hat daher diese genaue und angeborene Reaktion aufs Fallen.

Diese Beschreibung unterstützt auch die Ansicht von Sir Arthur Keith, der sagt: »Die Ansätze zu seiner Haltung und zu seinem Körperverhalten hat der Mensch nicht auf dem Boden, sondern auf den Bäumen erworben.«

Die Körperhaltung, welche beim Judo gelehrt wird, um einen Fall zu brechen, ist genau die gleiche wie die, welche durch den Fallreiz beim Kleinkind hervorgerufen wird. Judo- und Aikidolehrer mögen daher in meiner Beschreibung die Erklärung finden dafür, warum es Anfängern schwerfällt ihre Arme zu benützen, um einen Fall zu brechen. Die Arme möchten sich beugen, wie dies zur angeborenen Reaktion aufs Fallen gehört. Anfänger neigen daher dazu, sich die Ellbogen anzuschlagen, bis sie gelernt haben, das Beugen der Arme bewußt zu kontrollieren und zu hemmen. Später lernen sie, mit der Hand auf den Boden zu klatschen, d. h. die Armbewegung vom instinktiven Schema der durchs Fallen ausgelösten Beugerkontraktion vollends zu dissoziieren. Fällt ein Körper auf den Rücken bei zusammengezogenen Beugern des Kopfs und des Unterleibs, so kann er einen Sturz aus beträchtlicher Höhe ohne Schaden überstehn.

Auch das Weinen des Kleinkindes wird verständlicher, wenn man es als Teil der Reaktion aufs Fallen statt derjenigen auf Lärm versteht. Wenn ein Kleinkind gefallen ist, braucht es sofort Schutz und empfindet Schmerz. Auf ein lautes Geräusch hin zu weinen, wäre meist überflüssig, da die Mutter die Bedeutung des Geräusches und die Information von Gefahr, die es vermitteln mag, mindestens ebensogut kennt wie das Kind.

Daß ein Neugeborenes während den ersten Wochen jeden Gegenstand, den man ihm in die Hand gibt, reflektorisch ergreift, dürfte ein weiterer Aspekt der Beugerkontraktion und ihrer Wichtigkeit für das Kleinkind sein. Sieht man, wie junge Affen sich an der behaarten Mutterbrust festhalten, so drängt sich dieser Gedanke förmlich auf.

Zusammenfassend: Die angeborene Furcht ist die Furcht vor dem Fallen. Die anatomische Struktur bewirkt zwingend, daß die nächste Furcht, die empfunden werden kann, diejenige vor lauten Geräuschen ist. Die nicht-bedingte Empfindung der Angst entsteht, wenn der Vorhofzweig des achten Schädelnervs gereizt wird. Infolgedessen ist jede weitere Furcht, sind alle Empfindungen des Angstsyndroms bedingt. Das Grundschema aller Furcht und Angst besteht in der Reizung des achten Schädelnervs durch mindestens einen seiner Zweige. Die Furcht vor lauten Geräuschen ist weder ererbt, noch instinktiv. Dieser Reflex wird jedoch bei allen Kleinkindern, da sie einander anatomisch ähnlich sind, der erste bedingte sein.

Furcht und Angst erweisen sich hier als die Empfindung von Impulsen, welche das Zentralnervensystem von den Organen und Eingeweiden her erreichen. Wir werden später sehen, daß alle Gefühle mit Erregungen verbunden sind, die ins vegetative oder autonome Nervensystem führen oder die von jenen Organen, Muskeln, usw. herrühren, welche von diesem System innerviert werden. Das Eintreffen solcher Impulse in den höheren Zentren des Zentralnervensystems empfinden wir als Gefühl.

Daß Freud in der Angst das zentrale Problem der Neurose sah, ist aus seinen Schriften hinlänglich bekannt. Paul Schilder erkennt dem Schwindel eine ähnliche Bedeutung zu. Er schreibt:

>»Dysfunktion des Vestibularapparates ist häufig der Ausdruck zweier einander widersprechender psychischer Tendenzen; darum treten in fast jeder Neurose Schwindelgefühle auf. Die Neurose kann in der Vestibulargegend organische Veränderungen zeitigen. Schwindel zeigt Gefahr im Bereich des Ich an und tritt dann auf, wenn das Ich seine synthetisierende Funktion in den Sinnen nicht ausüben kann. Er tritt aber auch dann auf, wenn im Zusammenhang mit Bestrebungen und Wünschen so widersprüchliche motorische und haltungsmäßige Impulse auftreten, daß sie miteinander nicht mehr vereinbart werden können. Vom psychoanalytischen Standpunkt aus gesehen, ist Schwindel ebenso bedeutsam wie Angst. Der Vestibularapparat ist ein Organ, dessen Funktion gegen die Isolierung der verschiedenen Körperfunktionen gerichtet ist.«

In dem anschließenden Passus zeigt Schilder eine der unseren beinahe verwandte Ansicht unseres Themas:

>»Wir können erwarten, daß solch ein Sinnesorgan, das nur halbbewußte Eindrücke empfängt und zu einer instinktmäßigen, primitiven Beweglichkeit führt, auf Gefühle empfindlich reagieren und daher in Neurosen und Psychosen eine bedeutende Rolle spielen wird. Es wird stark reagieren, und wir können auch erwarten, daß Veränderungen in der Psyche sich unverzüglich in Vestibularempfindungen und im Muskeltonus ausdrücken werden. Organische Veränderungen im Vestibularapparat werden sich in der Struktur der Psyche spiegeln. Sie werden

sich nicht nur auf den Tonus, das vegetative System und die Körperhaltungen auswirken, sondern notwendig auch unseren gesamten Wahrnehmungsapparat verändern und sogar unser Bewußtsein selbst. Diese allgemeinen Erwägungen deuten dahin, daß die Erforschung des Vestibularapparats für das Verständnis psychotischer und neurotischer Zustände von großer Bedeutung sein könnte.«

Nachdem wir Ursprung und Grundlage der Angst physiologisch erhellt haben, öffnen sich neue Wege, die Behandlung von Neurosen zu verbessern und, in gewissen Fällen, zu ändern. Angst, in welcher Form sie auch auftreten mag, muß durch sukzessives Konditionieren aus den nicht-bedingten Reflex-Serien gebildet worden sein, in denen die angeborene Reaktion aufs Fallen besteht. Jede Behandlung kann daher als ein Versuch angesehen werden, eine bedingte, d. h. konditionierte Reaktion zu löschen und an ihrer Stelle eine wünschenswertere zu bilden. Die Tendenz zu Rückfällen in die Angst, ihre Neigung sich zu wiederholen, läßt sich demnach aus der Indirektheit und daher häufigen Unvollständigkeit psychiatrischer Behandlung erklären, welche die somatischen Nervenbahnen nicht miteinbezieht und somit unberührt läßt, so daß die bedingten Reflexe nie vollständig gelöscht werden. Bei Unterbrechung der Behandlung bleibt das gewohnheitsmäßige Muskulärverhalten, das so nur indirekt berührt worden ist, oft unverändert und wird beibehalten. Die alte bedingte Reaktion wird sich allmählich wieder einstellen oder, wie es in der Fachsprache heißt, »verstärkt« werden.

So wichtig dieses Problem auch sein mag: wir meinen ein viel weiteres Feld. Wir haben gesehn, daß die Furcht vor dem Fallen die erste Hemmung derjenigen Muskulatur bewirkt, welche uns gegen die Schwerkraft hält, und daß Angst im weiteren Sinne mit diesem Vorgang verbunden ist. Selbst im weitläufigsten Katalog der Instinkte wird es einzig und allein die Furcht sein, die Bewegung hemmt.

Nun ist aber das Problem von »können« und »nicht kön-nen« im Grunde eine Frage des Tuns, und das heißt: von Muskeltätigkeit. Selbst Nichtstun erfordert Muskeltätig-keit und sogar eine äußerst komplexe. Voraussichtlich wer-den wir also neue Aspekte aller Phänomene erhellen, die von chronischer oder gewohnheitsmäßiger Muskelkontrak-tion begleitet sind. Dazu werden wir den Nervenapparat genauer untersuchen müssen, der unser Gleichgewicht re-giert. Zunächst aber dürfte es lohnen, das Gebiet näher zu betrachten, das wir bisher durchmessen haben, und ein paar Fragen zu beantworten, die gleichsam aus ihm aufsteigen.

Warum brüllt ein Tier, wenn es angreift, und begibt sich dadurch des Vorteils, sich seiner Beute unbemerkt zu nä-hern? Das Erzeugen eines plötzlichen lauten Geräuschs schafft ihm zweierlei Vorteil: erstens löst ein jähes lautes Geräusch die Reaktion aufs Fallen aus. Damit wird das Beutetier für einen Augenblick festgenagelt; und ein reglo-ses Ziel gibt dem Angreifer eine bessere Chance, es zu packen, als eines, das davonläuft. Die Naturgesetze begün-stigen aber weder die eine Gattung noch die andere, und die starke Kontraktion der Beuger löst sehr bald eine erhöhte Kontraktion der Strecker aus. Je länger die Hemmung und je stärker die angespannte Dehnung der Strecker, desto hef-tiger werden diese sich daraufhin zusammenziehen infolge neuraler Induktion des Streckreflexes. Das ist ein Vorteil für den Angreifer wie für das Beutetier. Normale Bedin-gungen des Gleichgewichts zwischen Angehörigen der ja-genden Arten und denen der gejagten werden durch andere Faktoren bestimmt. Dieses Gleichgewicht verschiebt sich übrigens ununterbrochen und zwar mit einer Periodizität, die durch die klimatischen Zyklen gegeben ist.

Der zweite Vorteil des Brüllens liegt in der Wirkung, die das Erzeugen des Geräuschs auf das brüllende Tier selbst hat. Beim Brüllen wird Luft aus den Lungen ausgestoßen,

und das führt zu einer kräftigen Kontraktion der Zwerch-
fellmuskulatur und dämpft die Erregung. Auch Menschen
finden es leichter, etwas Schweres zu heben, indem sie den
Bauch vor- und Luft ausstoßen und dazu ein tiefes Geräusch wie etwa »ha!« oder »uh!« von sich geben.

Wir wissen, daß die Erregung einer Stelle des Nervensystems, wenn sie nur stark genug ist oder in kurzen Abstän-
den wiederholt wird, sich ausbreitet und in benachbarte
Zentren ausstrahlt. In seinem Buch *Gefühlsausdruck bei
Mensch und Tier* gibt Darwin eine Reihe von Beispielen
dafür, darunter dieses:

> »Sobald irgendein urgeschichtliches Lebewesen sich in seinen Ge-
> wohnheiten dem Leben auf dem Festland auch nur halbwegs angepaßt
> hatte, konnte es geschehn, daß ihm Staub in die Augen kam. Wurden
> die Staubteilchen nicht hinausgespült, so erregten sie die Nervenkraft
> angrenzender Nervenzellen und reizten die Tränendrüsen zu Tränen.
> Da sich dies oft wiederholte und da die Nervenkraft einmal gewohnte
> Bahnen bereitwillig einschlägt, genügte mit der Zeit auch eine leichte
> Erregung, um reichlich Tränen zu verursachen.
>
> Sobald auf diese oder auch andere Weise eine derartige Reflexhand-
> lung gebildet und geläufig geworden war, konnten auch andere Rei-
> zungen der Augenoberfläche – z. B. durch kalten Wind, Entzündun-
> gen oder einen Schlag auf die Augenlider – einen reichlichen
> Tränenfluß auslösen. Auch die Reizung angrenzender Partien regt die
> Drüsen zu Tätigkeit an. Wenn, selbst bei fest geschlossenen Augenli-
> dern, die Nüstern durch scharfe Dämpfe gereizt werden, entsteht
> reichlicher Tränenfluß; und das gleiche geschieht nach einem Schlag
> auf die Nase. Ein stechender oder beißender Hieb ins Gesicht zeitigt
> das gleiche Ergebnis. In diesen letzteren Fällen ist das Tränen eine
> beiläufige Folge und leistet keinen sinnvollen Dienst. Da alle diese
> Gesichtspartien, einschließlich der Tränendrüsen, von Zweigen des
> gleichen, nämlich des fünften Nervs innerviert werden, ist es begreif-
> lich, daß die Auswirkung der Erregung eines der Zweige auf die
> anderen übergreift.«

Die Erklärungen dafür, warum wir niesen, wenn wir in die
Sonne schaun, warum wir bei Kummer weinen, u.ä.m., liegen nahebei. Übersetzt man das Zitat in die modernen

Begriffe der bedingten Reflexe, so ist Darwins Gedankengang sehr ähnlich dem, den ich hier entwickelt habe.

Wir haben gesehn, daß beim Kleinkind, bevor sein Gehör differenziert ist, d. h. bevor es verschiedene Geräusche
voneinander unterscheiden kann, nur starke Geräusche
überhaupt eine Reaktion hervorrufen und daß diese die
gleiche ist wie die Reaktion auf den Reiz des Fallens. Der
Erwachsene hat zwar gelernt, diese Reaktion auf die meisten lauten Geräusche zu hemmen, soweit sie sich nämlich
oft genug wiederholen, um ihm vertraut zu sein, an die er
sich also gewöhnt hat; aber bei unerwarteten und sehr lauten Geräuschen kann man nach wie vor die gleiche Reaktion beobachten.

Starling schreibt in seiner *Physiologie:*

> »Gehörreflexe ... Je nach der Stärke des Reizes mag nur Augenblin-
> zeln auftreten oder, wenn das Geräusch laut ist, Blinzeln und Anhalten
> des Atems. Ist es noch lauter, so werden zusätzlich alle Bewegungen
> überhaupt vorübergehend aufhören; und bei einem unverhältnismäßig
> starken Geräusch kann es vorkommen, daß die Glieder erschlaffen und
> der Körper fällt.«

Bekessy hat in seiner klassischen Arbeit über das Gehör
gezeigt, daß laute Geräusche Wirbel in den Bogengängen
erzeugen und zwar in der Richtung, die bewirkt, daß der
Kopf reflektorisch dorthin geneigt wird, woher das Geräusch kommt. Er hat das in seinem Ohr-Modell nachge-
bildet.

Es kann also als erwiesen gelten, daß eine Erregung des
Schneckenzweigs vom Gehörnerv ausstrahlt und eine Reaktion herbeiführt, als ob der Vorhofzweig erregt worden
wäre. Ausstrahlungen werden von der Konfiguration der
Synapsen bestimmt und von ihrer Funktion als Ventile.
Wir möchten darum auch wissen, ob eine Reizung des Vorhofzweigs irgendeine Reaktion im Gehör erzeugt. Es
scheint, daß solch eine Reizung das Hören vorübergehend

hemmt und zwar so lange, als die Erregung anhält. Wenn man, während jemand zu einem spricht, plötzlich ausrutscht oder fällt, so hat man während der Zeit, da die Richtreflexe arbeiten, von seiner Rede nur einen verschwommenen Eindruck von Geräusch.

Wir haben gesehen, daß jeder Angst-Komplex, der durch eine Reihe aufeinanderfolgender Konditionierungen entstanden ist, von den angeborenen Reaktionen aufs Fallen ausgegangen sein muß, wie sie durch den Vorhofzweig des Gehörnervs empfunden werden. Wird dieser Zweig erregt, so erfolgt eine Reihe von Störungen: Kontraktion der Beuger, Anhalten des Atems, beschleunigter Puls, Schwitzen, Erröten, sogar Harnlassen und Stuhlentleerung. Wieviele der hier aufgezählten Reaktionen beim Kleinkind tatsächlich auftreten werden, hängt von Intensität, Dauer und Plötzlichkeit des auslösenden Reizes ab. Erhöhter Tonus der Beuger, Anhalten des Atems und beschleunigter Puls begleiten schon die geringste Erregung. Meistens ändert sich auch die Gesichtsfarbe und es tritt Schwitzen auf; aber beides kann so leicht sein, daß nur ein geübter Beobachter es wahrnimmt. Dem Erwachsenen jedoch sind sie bewußt, und im allgemeinen hat er gelernt, sie zu beherrschen und teilweise zu hemmen.

Daß wir in der Entwicklungsgeschichte Sinn und Zweck sehen, als wäre sie das Werk einer der unseren ähnlichen Intelligenz, ist eine bloße Denkgewohnheit. In Wirklichkeit lassen sich für jeden Reflex und für jeden neuen Standpunkt zahllose Gründe finden. Das reflektorische Schließen der Augen, wenn starkes Licht auf sie fällt, bewirkt unmittelbar, daß die Netzhaut gegen den starken Reiz abgeschirmt wird. Ferner werden die Augen derart auf einem Niveau niedriger Lichtstärke gehalten, und dem passen sich die Pupillen an, indem sie sich weiten; so daß die Augen, wenn sie wieder geöffnet werden, bei normaler

Lichtstärke Gegenstände unterscheiden können. Würden die Lider nicht geschlossen, so blieben die Pupillen verengt und es würde mehr Zeit brauchen, bis das Auge wieder normal sehen könnte. Bei jedem Reflex lassen sich die gleichen Phasen unterscheiden: die unmittelbare Reaktion, welche die Wirkung des Reizes aufhebt oder verringert, und die Nachwirkung, die gewöhnlich dahin zielt, die Störung zu beseitigen, welche die Reaktion im Organismus erzeugt hat, und diesen in seinen ursprünglichen Zustand zurückzubringen.

Ähnlich erzeugt der Reiz des Fallens eine Störung, die alle Richtreflexe in Gang setzt. Daran ist zu beachten, daß die Empfindung von Furcht und Angst, die durch die Störung der Zwerchfell- und Herzgegenden entsteht, durch die anhaltende Kontraktion sämtlicher Beuger, vor allem derjenigen des Unterleibs, gedämpft und verringert wird. Der fallende Körper zieht seine Beuger zusammen, um den Kopf davor zu schützen, daß er auf den Boden schlägt, und um die Wirbelsäule dadurch zu stärken, daß sie gebeugt wird. Die gleiche Reaktion läßt den Erwachsenen den Kopf senken, sich ducken, die Knie beugen und den Atem anhalten. So zieht er die Glieder näher an den Rumpf, vor die weichen, ungeschützten Partien: vor die Hoden, vor die Eingeweide, vor die Gurgel. Diese Haltung bietet den bestmöglichen Schutz und verleiht ein Gefühl der Sicherheit. Halten die Beugerkontraktionen an, so wirken sie mit dahin, den normalen, ungestörten Zustand wiederherzustellen. Das Schema des Aufrechtstehens wird durch partielle Hemmung der Strecker, die sonst der Schwerkraft entgegenwirken, gesprengt. Ihre vollständige Hemmung würde zu einem Sturz aufs Gesicht führen. Die Anregungen oder Impulse, die bei so geduckter oder kauernder Haltung von den Eingeweiden und Muskeln her im Zentralnervensystem eintreffen, gemahnen an das Gefühl der Geborgenheit im Mutterschoß, beruhigen den Puls und stellen die normale Atmung wieder her. Da sämtliche großen Gelenke gebeugt sind, ist der Widerstand gegen den Kreislauf beträchtlich erhöht und der Puls gebremst. Der Herzmuskel muß jedoch fähig sein, die zusätzliche Anstrengung zu leisten, die nötig ist, um das Herz gegen den plötzlich erhöhten Kreislaufwiderstand und gegen den erhöhten Blutdruck im Herzen selbst zusammenzuziehen. Diese Leistungsfähigkeit des Herzens ist denn auch tatsächlich gesichert durch den Anstieg des Adrenalinspiegels im Blut, den das Einsetzen der Fallangst verursacht hat.

Dieses Schema der Beugerkontraktion stellt sich jedesmal wieder ein, wenn ein Mensch auf den passiven Selbstschutz zurückgreift, sei's, weil zum aktiven Schutz ihm die Mittel fehlen, sei's, weil er an seiner Kraft und Fähigkeit zweifelt. Die Streck- oder Aufrichtemuskulatur ist dann notwendigerweise partiell gehemmt. Meinen eigenen Beobachtungen zufolge haben Menschen, die als »introvertiert« gelten, einen gewohnheitsmäßig verringerten Streckertonus. Infolgedessen werden entweder die Hüftgelenke oder der Kopf abnormal vorgeneigt und Drehbewegungen des Körpers umständlich oder auf Umwegen ausgeführt, statt auf dem einfachsten, direktesten Weg. »Extravertierte« Menschen hingegen sind im Stehen wie im Gehen mehr aufgerichtet.

Gewöhnlich ist jede Kombination von Impulsen, die das Zentralnervensystem von den Eingeweiden her, von den Muskeln und vom Soma allgemein erreicht, mit einem Gemütszustand gekoppelt. Da Muskelkontraktion willentlich beherrscht werden kann, erzeugt sie ein Gefühl der Macht und Herrschaft über die Empfindungen und Gefühle. Dem ist auch tatsächlich so. Jedem Gemütszustand entspricht ein persönliches konditioniertes Schema von Muskelkontraktionen, ohne das er gar nicht existieren würde.

Vielen ist bewußt, daß sie gewisse physiologische Vorgänge in sich beherrschen, etwa einem heraufziehenden Kopfschmerz und manchen anderen, ähnlichen Empfindungen vorbeugen können; aber aus Angst, sich lächerlich zu machen, getrauen sie sich nicht, es zu sagen. Andere wiederum haben aus solchen Fähigkeiten Theorien der Herrschaft des Geistes über den Körper abgeleitet. Introvertierte wie Extravertierte, wenn sie die inneren Funktionen beherrschen lernen, beginnen damit, daß sie die Kontraktion der willkürlichen Muskulatur unter ihre Kontrolle bringen. Sie bilden individuelle Schemata, welche ein Wohlgefühl hervorrufen. Das hilft, das Angst-Schema an seinem Wiederauftreten zu hindern.

Jetzt können wir verstehen, wieso übermäßige Hyperextension der Hals- und Lendenwirbelsäule zur Gewohnheit werden kann. Bei kleinen Kindern ist eine falsche Kopfhaltung selten. Hier gibt es weniger willkürliche Einmischung in die Kontrolle der Muskulatur, und der Kopf ist bei allen – bis auf Verschiedenheiten der anatomischen Struktur – auf die gleiche Weise reflektorisch balanciert. Wiederholte Gefühlskrisen konditionieren das Kind dahin, eine Haltung einzunehmen, die ein Gefühl der Sicherheit verleiht und die ihm hilft, die Angst zu vermindern. Solche passive Sicherheit wird, wie wir gesehen haben, durch Kontraktion der Beuger und Hemmung der Strecker herbeigeführt. Bei allen gemütsgestörten oder auch nur erregten Menschen lassen sich daher willkürliche, aber unbeabsichtigte Direktiven beobachten, welche die Strecker hemmen. Mit der Zeit wird dies zur Gewohnheit, d. h. es bleibt unbeachtet, entzieht sich schließlich der eigenen Wahrnehmung. Der gesamte Charakter jedoch wird davon betroffen. Die partiell gehemmten Strecker werden schwach, das Hüftgelenk beugt sich, der Kopf neigt sich vor.

Das Schema der reflektorischen aufrechten Haltung ist

gesprengt. Das Nervensystem sendet Direktiven aus, die sich widersprechen. Die niederen Mechanismen, die gegen die Schwerkraft arbeiten, möchten den Körper in einen normalen, verfügbaren Zustand bringen, während gleichzeitig, um Angst zu vermeiden, das Sicherheitsverhalten – die mehr oder weniger geduckte, zusammengekauerte Haltung – ausgelöst wird. Bewußtes Innewerden ergreift abwechselnd für die eine und die andere Tendenz Partei. Die Mechanismen gegen die Schwerkraft arbeiten ohne Unterlaß. Wie alle ermüdeten Nervenfunktionen sind sie vorerst überaktiv; daher die tonische Kontraktion und Drahtigkeit der Strecker der Aufrichtemuskulatur. Sie werden jedoch von der bewußten Kontrolle überstimmt und das reflektorische aufrechte Stehen verhindert. Wird die bewußte Kontrolle hypnotisiert oder sonst irgendwie gelockert, so verbessert sich das Aufrechtstehen sofort und zwar so weit als allfällige anatomische Deformationen der Gelenkflächen dies überhaupt erlauben. Es ist in diesem Zusammenhang wesentlich, zwischen Innesein, Bewußtheit, willkürlicher oder absichtlicher Handlung im Gegensatz zu Vergessenem oder Reflektorischem deutlich zu unterscheiden.

Menschen in der unglücklichen Lage, die ich hier beschrieben habe, leben auf einer intellektuellen Ebene der Absichtlichkeit. Willkürliche Direktiven mischen sich in alle ihre Körperfunktionen ein. Bewußte Kontrolle und Willenskraft mögen, wenn richtig eingesetzt, hier eine Kleinigkeit, dort ein Detail verbessern; aber der Intellekt ist für das harmonische Zusammenwirken aller Funktionen – denn das ist es, was der Begriff der Vitalität meint – kein Ersatz. Ein Gefühl der Sinnlosigkeit des Lebens, der Müdigkeit, und der Wunsch, alles aufzugeben, sind die Folge solcher Überforderung der bewußten Kontrolle, der man aufgebürdet hat, was auszuführen die reflektorische und unbewußte Nerventätigkeit besser ausgerüstet ist. Die bewußte Kontrolle ist ausschlaggebend beim Integrieren der Funktionen, welche vor allem die nächstliegenden Umstände der objektiven Realität zu bewältigen haben. Die inneren Mechanismen, die den Erfolg gewährleisten, sollten der selbstregulierenden Nervenkoordination überlassen werden. Jedenfalls können wir beim heutigen Stand unseres Wissens über das Nervensystem nichts Besseres tun als uns ein Beispiel zu nehmen an denjenigen, die funktionell am besten angepaßt und gereift sind; und diese mißbrauchen die bewußte Kontrolle nicht. Sie haben auch eine reichere subjektive Realität.

Zusammenfassung

Unsere inneren Vorgänge, hervorgerufen von gegenwärtigen äußeren Einflüssen oder von vergessenen, schmerzhaften früheren Erfahrungen der Außenwelt, verändern sowohl unsere Absichten selbst als auch die Art und Weise, wie wir diese ausführen. Sicher sind Sie im Erfinden von Alternativen weit schöpferischer als Sie wissen. Sie sind so gut wie Sie möchten. Wenn Sie wissen, »was« Sie tun und, noch viel wichtiger, »wie« Sie dabei von sich Gebrauch machen, werden Sie auch so handeln können, wie Sie's möchten und wie Sie sichs sonst bloß gewünscht hatten. Ich glaube, daß der bedeutsamste Ratschlag von allen, das »Erkenne dich selbst«, gegeben wurde von einem, der gelernt hatte, wie »ich« *sich* erkennt.

Auf den zweiten Blick

Was ich bisher gesagt habe, erweitert bloß das Feld unserer Aufmerksamkeit. Manche würden wohl sagen – und ich mit ihnen –, daß wir ein Skelett, Muskeln, Drüsen, ein Nervensystem nicht »haben«, sondern daß wir dies alles »sind«. Wir werden später sehen, daß Semantik keineswegs nur Haarspalterei ist. Fehler werden oft zur Gewohnheit, weil Wörter mehrdeutig sind.

Betrachten wir einmal näher, was wir gesagt haben. Jedermann weiß, daß keiner der Teile unser selbst, die ich hier aufgezählt habe, von Anfang an so war wie wir ihn im Erwachsenen sehen. Sie fahren noch fort, sich auch im Erwachsenen zu verändern, jedoch so langsam, daß es geringfügig und daher ohne Bedeutung zu sein scheint. Am Anfang aber ist die Geschwindigkeit, mit der wir uns verändern, enorm. Die ersten Zellen verdoppeln sich durch Teilung und Wiederteilung so, daß nach Ablauf von neun Monaten etwa ein Viertel des künftigen Erwachsenen auf die Welt kommt: ein Neugeborenes mißt vom Scheitel bis zur Sohle rund fünfzig Zentimeter. Es wiegt an die vier Kilogramm, und sein Gewicht wird auf das fünfzehn- bis zwanzigfache anwachsen. Bedenkt man die Geschwindigkeit der Zellteilungen und ihre Gesamtzahl, so sieht man, daß von den insgesamt achtundfünfzig Teilungen jeder Zelle sechsundfünfzig vor Vollendung des zweiten Lebensjahrs geschehen sein müssen. Im zweiten Monat der Schwangerschaft wiegt das Gehirn ungefähr 2,6 Gramm oder 43 Prozent vom Gesamtgewicht des Embryos.

Das Gehirn eines Erwachsenen wiegt etwa 1500 Gramm,

aber das sind nur 2,4 Prozent vom Gesamtgewicht seines Körpers. Im Alter von zwei Jahren beträgt das Nervensystem ungefähr vier Fünftel dessen, was es schließlich werden wird. Von der Empfängnis bis zur frühen Kindheit nimmt die Wachstumsrate sehr schnell ab. Im Alter von zwei bis drei Jahren sind die meisten Funktionen des Nervensystems im Begriff, vollständig da zu sein. Nur Bewegung, Sexualität und die spezifisch menschlichen Funktionen reifen erst später heran: Sprechen, Schreiben, Rechnen, Musik und die Verbindungen von Sprache und Musik sind noch in Entwicklung begriffen.

Wenn wir von Skeletten, Muskeln, Nervensystemen und verschiedenen Umgebungen reden, merken wir nicht, daß wir dabei den Erwachsenen im Sinn haben, dessen Funktionen alle mehr oder weniger gleichmäßig entwickelt und gereift sind. Diese Annahme – daß wir es mit gleichmäßig und gleichermaßen gereiften Menschen zu tun haben – ist falsch; und daß sie falsch ist, ist wichtiger als nahezu alles, was sich sonst über den Menschen sagen läßt.

Wichtig ist ferner, daß Menschen voneinander biologisch verschieden sind. Man kann bei einem Menschen z. B. ein Stück Haut von irgendeiner Körperstelle an irgendeine andere verpflanzen. Beide Wunden werden verheilen, und das ist alles. Verpflanzt man aber irgendetwas von einem Menschen auf oder in einen andern, so wird der Körper sich weigern es anzunehmen, und diese Verweigerung kann den Träger des Transplantats das Leben kosten, wenn seine Immunität, bzw. Abwehr nicht künstlich geschwächt wird oder das Transplantat nicht von seinem eineiigen Zwilling stammt.

Die relativen Größen der einzelnen Gehirnpartien sind von Mensch zu Mensch grundverschieden. Unsere biologische Ausstattung ist so individuell wie unsere Fingerabdrücke. Anzunehmen, daß bei allen Erwachsenen die

Funktionen mehr oder weniger gleich sind, ist irreführend. Überhaupt gründet ein gut Teil dessen, was wir unseren gesunden Menschenverstand nennen, auf Annahmen, die nicht zu rechtfertigen und die eigentlich Unsinn sind. Es gibt bei Menschen große Ähnlichkeiten; aber es gibt individuelle Verhaltens-, Handlungs-, Bewegungsweisen, individuelle Arten, zu fühlen, wahrzunehmen, zu empfinden, die jeden Einzelnen zu einem Einmaligen machen; und in meiner Arbeit gilt es, ihn so zu behandeln, daß ihm nach seiner Einmaligkeit geholfen werde.

Ein Wissenschaftler würde sagen: Wenn wir über irgendetwas richtig nachdenken wollen, müssen wir wissen, wo es existiert (genaue Ortung oder ein Koordinatensystem) und wann es vorkommt oder geschieht (ein zeitliches Bezugssystem). Das Skelett, die Muskulatur, das Nervensystem, ja schon die Umgebung des Spermas und des Eis, dann die eines sechs Wochen alten Fötus, nachher die bei der Geburt sind selbstverständlich anders von Augenblick zu Augenblick. Wir sind von Minute zu Minute anders; aber wir können zur Bestandsaufnahme mehr oder weniger regelmäßige Zeitabstände wählen.

Vernünftigsein ist auch nicht das Beste. Ich habe hier versucht, einen vernünftigen Gedankengang zu entwickeln, der keinen Einwand zuläßt. Indem ich aber die letzten paar Sätze wieder lese, kann ich nicht umhin, mein Denken zu durchschauen und darin ebensoviel vernünftigen Unsinn zu finden wie in dem vernünftigen Unsinn eines jeden. Betrachten wir den letzten Absatz etwas kritischer. Der Wissenschaftler hat natürlich recht, wenn er Bedingungen wünscht, die es erleichtern, Folgerungen und Schlüsse nachzuprüfen, zu denen ein anderer anderswo und zu einer anderen Zeit gelangt ist. Wie aber ließe sich solch eine Methode auf ein Embryo oder einen Fötus anwenden, der doch nur einmal vorkommt und der anderen zwar ähnlich, aber mit keinem anderen identisch ist? Meine Entwicklung und die Ihre haben vieles gemein. Da wir nicht nur ähnlich, sondern in Einzelheiten auch verschieden sind, können wir Elemente einer statistischen Untersuchung sein. Aber gerade in diesem, gegenwärtigen Augenblick z. B. besteht ein Unterschied, den wir nicht übersehen dürfen: ich schreibe, und Sie lesen. Es gibt noch andere, gewichtigere Unterschiede, die von unserer je verschiedenen Umwelt herrühren: gesellschaftliche, wirtschaftliche, rassische, zeitliche; Unterschiede in Erziehung, Beruf, Körperhaltung, Interessen, Ansichten – und in zahlreichen Einflüssen sonst. Kurzum, Analyse allein genügt nicht, um das Phänomen zu beschreiben, das wir uns vorgenommen haben. Synthese und Entwicklungsgeschichte müssen miteinbezogen werden. Analyse wird uns helfen, gemeinsame Züge zu erkennen, während das Ganze zeigen wird, wie diese sich zu einem von allen anderen unterschiedenen menschlichen Wesen entwickelt haben.

Ein lebender Organismus ist eine Struktur in Funktion, bei der, zum Unterschied von menschengemachten Maschinen, die Funktion die Struktur formt und die Struktur Teil des Funktionierens ist. Während sie sich entwickeln, wirken sie wechselseitig aufeinander ein auf eine Art und Weise, welche das Kausalverhältnis zwischen ihnen zu einer bloßen Ansichtssache macht. Noch entscheidender für solches Vorgehen ist aber, daß wir innehalten und für unsere Bestandsaufnahme Zeitabstände willkürlich festsetzen und dadurch einen dynamischen, fortlaufend sich ändernden, wachsenden und höchst lebendigen Vorgang in eine Reihe statischer Sequenzen oder Standaufnahmen zerlegen und auflösen. Die statischen Aspekte des Phänomens, die ja auch leichter zu betrachten sind als die dynamischen, fesseln uns allmählich so, daß wir den Entwicklungsprozeß, die Vorgänge des Wachsens und Funktionierens oft so weit außer Acht lassen, daß unsere Untersuchungen dadurch verzerrt und verdunkelt werden. So bringen wir es zu keiner Gewißheit und erfinden unzählige Ausflüchte, um uns von der Beklommenheit des Zweifels, der Unsicherheit und der Furcht zu erleichtern.

Ihr Gehirn hat, wie meines, eine sehr lange Geschichte. Unsere Nervensysteme gehören zu den kompliziertesten Strukturen überhaupt. Sie haben sehr alte Schichten, die von weniger alten – und diese ihrerseits von noch jüngeren – überlagert sind. Jede neue Schicht ist eine Formation, die feiner funktioniert als die vorherige. Die älteren sind primitiv, ihre Funktionsweise eher grob und abrupt, nach dem Schema Entweder-Oder und Alles-oder-Nichts. Jede neue Schicht überholt die älteren. Je jünger die Formation, desto feiner ist ihre Funktion. Sie bewirkt abgestufteres, differenzierteres Tun. Die älteren Schichten sind zuverlässiger; sie funktionieren schneller und brauchen weniger Lernzeit. Gilt es, das Überleben zu sichern, dann schalten die neueren Schichten sich ab und lassen die früheren, verläßlicheren, flinkeren Formationen ans Ruder. Die feineren, mannigfaltigeren, neueren Partien werden das Kommando wieder übernehmen, wenn die Gefahr vorüber ist. Die älteren Strukturen werden nicht abgebaut oder zerstört, sie werden bloß latent und weniger offenkundig, bleiben aber unentbehrlich im Notfall. Jede Situation, welche es nicht zuläßt, daß wir in aller Ruhe mir ihr fertig werden, löst eine Regression aus, d. h. die älteren Formationen übernehmen das Kommando. Je neuer die Nervenstruktur, desto langsamer ist sie. Nuanciertheit und Mannigfaltigkeit brauchen Zeit und wollen gelernt sein, damit auf das Erwägen des Für und Wider das Nachdenken folgen und schließlich die Wahl getroffen werden könne.

Rutscht man auf einer Bananenschale aus, so gerät der Organismus in Gefahr, wenn die Richtmechanismen ihn nicht auffangen, bevor der Sturz unvermeidlich wird. Dazu sind nur die alten Schichten imstande: ohne Nachdenken, ohne Zögern, ohne Entscheidung; denn zu alledem wäre keine Zeit. Ist das Gleichgewicht wiederhergestellt, dann haben wir auch die Muße, nachzudenken und zu überlegen, und vielleicht werden wir dann beschließen, in Zukunft Bananenschalen vom Gehsteig wegzuräumen. (Das führt zu einem Dilemma: wenn nämlich keine Bananenschalen mehr da sind, auf denen wir ausrutschen könnten, gibt es auch kein Sich-Erfangen und -Aufrichten und schließlich auch keinen Anlaß mehr für unsere logische Räumungsarbeit.)

Die alten Richtstrukturen müssen im Bruchteil einer Sekunde handeln, während die neuen Zeit brauchen. Die Nervensysteme arbeiten auf eine Weise, die derjenigen unserer gesellschaftlichen Organisation in mancher Hinsicht ähnlich ist. Die alten Beleuchtungsmittel, wie Kerzen oder Öllampen, sind irgendwo im Hause aufbewahrt. Solange wir mit Strom versorgt sind, werden sie nicht benützt. Aber ein längerer Stromausfall wird eine Regression zu den alten Kerzen und Öllämpchen zur Folge haben.

Das Wachstum eines Fötus wird mit den ältesten Formationen beginnen und dann in rascher Folge die entwicklungsgeschichtlichen Stadien durchlaufen, wenn auch selten in chronologischer Reihenfolge. In einem frühen Lebensstadium ähnelt der Unterkiefer des Fötus den Kiemen eines Fischs. Mitten im Kleinhirn liegt ein Fasernbündel, das der waagrechten Lage des Rückgrats entspricht, denn in diesem Stadium heißt Bewegung: sich in Uhrzeiger- oder in der umgekehrten Richtung um die Wirbelsäule rollen oder drehen. Das Neugeborene wird nach und nach sich wenden, um sich auf den Bauch und zurück auf den Rücken zu rollen. Das alte Fisch-Überbleibsel wird die fischartige, waagrechte Rollbewegung so lange gewährleisten, bis jüngere Formationen in Hirn und Kleinhirn herangereift sind und sowohl diese als auch andere, komplexere Bewegungen organisieren können. Bei schwerwiegender Regression kehren die Position des Liegens und die Bewegung des Sich-Seitwärtsrollens als die einzig verfügbaren zurück. Wenn es ausgewachsen ist, wird das Kleinhirn am Stehen, an der Haltung und am Gleichgewicht beteiligt sein. (Dies nur als Beispiel des Prinzips, nicht als Beschreibung eines genauen Prozesses.) Es ist jedoch bezeichnend, daß Drehbewegungen um das Rückgrat als Achse, nämlich Wendungen nach links oder rechts, die häufigsten Bewegungen des aufrecht stehenden Körpers sind. Bei solchen Drehbewegungen spielt der Kopf, der Träger all jener Sinne, durch die wir zu Raum und Entfernung in Beziehung stehen, die führende Rolle.

Die individuell manipulative Technik *Funktionale Integration* und die Gruppentechnik *Bewußtheit durch Bewegung* habe ich beide zuerst während des Zweiten Weltkriegs angewendet. Schon damals arbeitete ich für die Dauer einer ganzen Lektion ausschließlich an einer Körperhälfte. Ich wollte den größtmöglichen Kontrast in den Nervenstrukturen schaffen und das Innewerden der Unterschiede auch kinästhetisch erleichtern. Ich nahm an, daß die veränderte Organisation der einen Seite der Hirnrinde und der entsprechenden Körperhälfte sich langsam in die andere Seite ausbreiten würde. Die Person würde stundenlang etwa rechts eine andere Mobilisierung und Handlungsweise spüren als links. Sie würde dadurch direkt in ihrem Gehirn und von ihrem inneren Selbst lernen. Was auf die andere Seite des Gehirns übertragen würde, wären dann die neu erlernten, nach eigenem Gefühl und Urteil besseren »Schaltschemata«. Es war mein Freund Jacob Bronowski – berühmt durch sein Werk *Der Aufstieg des Menschen* –, der mir meine Entdeckung, daß die sich selbst überlassene Seite übernimmt, was die andere gelernt hat, erklärte. Sein Argument war folgendes: wenn innere Gefühle keinerlei Neigung hätten, das Optimale vorzuziehen oder es anzustreben, könnte tierisches Leben nicht überleben; ferner, und aus den gleichen Gründen: die Wahrscheinlichkeit, daß ein Raubtier, das auf gut Glück herumstreift, eine Beute finden werde, sei größer als die, daß es keine finden werde. Wäre dem nicht so, so würde das Raubtier nicht überleben. Er glaubte, das Nervensystem handle nur scheinbar zufällig; in Wirklichkeit aber habe es etwas mehr als die fünfzig Prozent Wahrscheinlichkeit auf seiner Seite, die, wäre tatsächlich reiner Zufall im Spiel, sein Teil ausmachen würden. Der gleichen Überlegung zufolge wird ein Tier Wasser finden, indem es sich aufs Geratewohl umherbewegt. Kurioserweise glaubte er auch, daß, wenn man morgens das Gefühl habe, man sollte seinen Regenmantel mitnehmen, die Wahrscheinlichkeit, daß es regnen werde, die größere sei.

Als ich diese Technik des Arbeitens an einer Seite für sich allein anzuwenden begann, wußte ich nichts von den neueren Entdeckungen über die unterschiedlichen Eigenschaften der beiden Gehirnhälften. Da ich nun oft mit einer Seite anfing und das nächste Mal die andere vornahm, fiel mir auf, daß manches Lernen der rechten Seite leichterfiel und andres der linken. Ich erinnere mich noch an den Augenblick, da mir aufging, daß alle erlernten rein menschlichen Tätigkeiten – wie z. B. Sprechen, Lesen, Schreiben und Rechnen – Funktionen vor allem der linken Gehirnhälfte sind. Es ist leichter, eine Bewegung in ihren Einzelheiten zu beobachten, wenn man nur an der rechten Seite arbeitet (ich bin Rechtshänder), und das Gelernte dann nur mental, in der Vorstellung, auf die linke Seite zu übertragen. Es ist bemerkenswert, daß dabei die linke Seite sich in ungefähr einem Fünftel der Lernzeit verbessert. Überdies entsteht auf der linken Seite eine größere Fertigkeit und Leichtigkeit als auf der zuerst bearbeiteten rechten. Ich fange auch oft mit der linken Seite an, baue dort eine Bewegung auf und überlasse deren imaginäre Darstellung der anderen. Die Wahl der Seite macht zwar einen Unterschied, aber er ist nicht groß. Die meisten Schüler empfinden keinen, solange ihre Sensibilität nicht erheblich gewachsen ist.

Wirklichkeit, subjektiv und objektiv

»Wirklichkeit« ist, wie so viele schöne Wörter, geschaffen worden, um unsere ständige Neugier zu befriedigen. Wenn wir sie durch nichts anderes »wirklich« befriedigen können, dann bündeln wir alle unsere kinästhetischen Empfindungen zusammen und bringen sie uns zu Bewußtsein, indem wir sie in ein Wort fassen. Ein Wort aussprechen oder es auch nur innerlich fühlen, sehen oder hören, kann die Neugier erregen; es kann sie auch ebenso befriedigen und stillen, wie wenn man eine Bewegung zu seiner Zufriedenheit ausführt.

Gewöhnlich sprechen wir von Wirklichem; von Dingen, die es gibt oder die existieren; die nicht imaginär sind und folglich existieren müssen. Wie bei Wörtern üblich, glauben wir vertraute Ausdrücke oder Wendungen flüchtig zu verstehen, wenn wir sie hören oder sehen; aber wenn wirs uns noch einmal überlegen, dann kommen uns Zweifel, ob wir auch richtig verstanden haben. Kann man sagen, daß etwas Imaginäres existiert? Natürlich kann man es sagen; aber trifft es auch zu? Und was heißt existieren? Existiert nur Wirkliches? Und wenn ja, was heißt wirklich? Ist wirklich nur das, was wir mit unseren Sinnen fassen und erforschen? Es braucht nicht viel, um irgendeine beliebige Aussage zu vernebeln, sie unscharf zu machen oder sie vollends in eine Tautologie zu verwandeln. Der *Concise Oxford Dictionary* definiert »wirklich« als »was als Ding oder Gegenstand existiert« oder »als Tatsache vorkommt«. Ist eine Vorstellung eine Tatsache, eine Realität? Wird sie als eine imaginäre Tatsache nur vorgestellt? Eignet ihr, als einer imaginären Tatsache, auch Realität? Das klingt nach Haarspalterei; und wenn ich mich mit etwas beschäftige, das mir wichtig ist, habe ich oft das Gefühl, Haarspalterei zu treiben. Aber es ist ein wesentlicher Punkt, denn er betrifft die Frage, ob wir wissen, was wir mit »wissen« meinen, die Frage, was Wirklichkeit sei, was objektiv und was nicht. Vor allem aber: ist es für Sie oder mich von Bedeutung und, wenn ja, in welcher Hinsicht und auf welche Weise? Meine Art, dieses Problem zu meiner Befriedigung zu lösen, besteht darin, daß ich auf das merke, was ich tue, und die betreffende Handlung bedenke. So wird es aufs Wesentliche reduziert; und was sonst könnte ich über den Vorgang, die Bewegung noch herausfinden, die ich Handlung nenne? Derlei kann ich auch fühlen oder empfinden.

Bewegung, Sinnesempfindung, Gefühl und Denken: diese alle zusammen machen mich und das, womit ich mich beschäftige, so konkret und so wirklich, als ich es überhaupt erfahren kann. Ich kann noch eine weitere Art von Konkretheit erreichen, nämlich herausfinden, wie meine Fähigkeit, mich zu bewegen, zu empfinden, zu fühlen und zu denken, sich mit meiner Entwicklung zu dem Gebrauch herangebildet hat, den ich heute von ihr mache. Darüber hinaus aber wird mein Denken zu einer Empfindung, die zu vage ist, als daß ich sie jemandem mitteilen könnte, mit dem ich nicht sensoriell in Kontakt kommen oder meine Empfindung teilen kann.

Ich glaube, ein Neugeborenes ist mit der ihm äußeren Welt sehr wenig vertraut. Ich sage, ich glaube es; aber ich weiß nicht wirklich, ob dem wirklich so ist. Ich weiß hingegen, daß ich aus theoretischen Gründen – um es gewissenhaft auszudrücken, müßte ich sagen: aufgrund theoretischer Überlegungen – vorausgesagt habe, daß ein Neugeborenes, wenn man es plötzlich und abrupt senkt, darauf mit einer Kontraktion sämtlicher Beuger reagieren, den Atem (falls es schon atmet) anhalten, sein Puls sich beschleunigen und es seine Windeln nässen wird, falls sie trocken waren. Ich habe gesagt, ich sei sicher, daß der Vestibularapparat des Ohrs sich soweit entwickelt hat, daß, wenn Kleinkinder fallen sollten, und zwar von Bäumen herab, keines den Sturz überleben könnte, wenn in seinem Nervensystem die Reaktion aufs Fallen nicht schon eingebaut wäre. Das bedeutet, daß eine heftige Erregung der Bogengänge im Innenohr den fallenden Körper so zusammenziehen wird, daß der Hinterkopf nicht auf den Boden prallen und daß die Aufschlagstelle irgendwo an der gebeugten Wirbelsäule sein wird, und zwar irgendwo in der Nähe des Schwerpunkts. Der fallende Körper mag mehr oder weniger schwer verletzt werden, kann aber einen Sturz aus drei Metern Höhe und mehr sogar ohne Dauerschaden überleben.

Es gibt also Dinge, mit denen ein Neugeborenes vertraut ist; Dinge, welche uns auf den ersten Blick, wenn wir unbedachtem Scheindenken nachgeben, unsinnig vorkommen. Wir vergessen dabei, daß die Mutter und alles in ihr dem Zug der Schwerkraft unterworfen war und daß auch der Fötus ihn erfahren hat, geschützt durch die Flüssigkeit, in die er getaucht war. Vielleicht gibt es auch eine Art Wissen, das durch die Gene weitergegeben wird; andere Tiere sind von der Evolution mit zahlreichen nützlichen Einrichtungen dieser Art bedacht worden, als ihre Vorfahren die Mittel und Wege lernten und verbesserten, die das Überleben der jetzigen Generation ermöglicht haben. Der Mensch hat von seiner Vorvergangenheit nur sehr weniges dieser Art geschenkt bekommen, das von Anfang an funktioniert. Er hat jedoch den nützlichsten Kniff von allen geerbt: die Fähigkeit, seine eigenen Kniffe zu bilden. Jeder einzelne Mensch hat die Fähigkeit, durch seine Erfahrung und in seiner ihm eigentümlichen Umwelt die Mittel zu erwerben, die zu seinem erfolgreichen Überleben nötig sind.

Neben dieser unerwarteten Vertrautheit mit der Außenwelt – oder ist es die innere? – empfindet das Neugeborene Berührungen, heiß und kalt, trocken und naß, hört laute Geräusche und hat irgendeine Art von Sehen; aber ich glaube, daß es darüber hinaus wenig oder keine praktische Kenntnis der Außenwelt hat. Jedesmal, wenn ich mich etwas aus Gewohnheit sagen höre, wie z. B. diesen letzten Satz, ertappe ich mich dabei, daß ich wie eine Maschine denke, sei's auch vielleicht wie eine sehr raffinierte Maschine.

So unglaubwürdig es auch klingen mag: ein Neugeborenes hat von Gehörsempfindungen schon eine beträchtliche Erfahrung. Es hat das regelmäßige Schlagen des Herzens gehört, das ihm Leben eingepumpt hat; es kann Niesen und Husten unterscheiden; und es kennt vielerlei gurgelnde Geräusche. Scientologen und, vor ihnen, Dianoetiker werden Ihnen weitere mögliche Geräusche nennen, und es dürfte Ihre Phantasie nicht überfordern, ihrer noch mehr aufzuzählen als selbst Könige und Nobelpreisträger erzeugen können. Und da haben meine Denk- und Sprechgewohnheiten mir schon wieder einen Streich gespielt und mich einen üblen Schnitzer machen lassen: ich hätte natürlich sagen sollen: Königinnen und Nobelpreisträgerinnen. Unser Sprechen ist so mechanisch, so von Gewohnheiten durchsetzt, daß, wenn Sprechen gleich Denken sein soll, ich mich für uns alle schäme.

Meiner Ansicht nach erfährt ein Neugeborenes die Außenwelt hauptsächlich durch seine sensorielle Großhirnrinde. Ganz zu Beginn kennt es nur eine sensorielle subjektive Wirklichkeit, und die ist sehr schön. Ein Gefühl der Allmacht begleitet sie, das der Mensch, er mag sich drehn und wenden wie er will, sein ganzes übriges Leben lang wird schrumpfen fühlen. Hat er Glück, so wird es nicht ins Negative umschlagen; aber bei den meisten schlagen wenigstens Reste davon in ein Gefühl der Minderwertigkeit um. Anfangs ist um das Neugeborene herum jedermann um dessen Wohlbefinden besorgt: ein Schreien, ein Zeichen des Unbehagens bringt alle und alles in Bewegung, um jedes seiner Bedürfnisse zu stillen.

Die subjektive Realität ist die erste, reichhaltigste und wichtigste für unser emotionales, geistiges und physisches Wohlergehen. Sie ist so gesund wie unser Körper und unsere Erbmasse. Das Kind wächst. Seine Sinne, die wir nicht vergessen dürfen, bringen vom Beginn seines Wachstums an Informationen nicht nur von außerhalb seines Körpers herein. Von seinen frühesten Stadien an wird es durch die inneren Bedürfnisse des gesamten stofflichen Trägers seines Daseins bewegt. Das Nervensystem, das Gleichgewicht im Drüsenhaushalt, die Organisation der Verdauung, der Menstruationsapparat, die Haut, die Ausscheidung von Stuhl und Harn liefern alle eine ungeheure Menge sensorieller Reize – viel mehr als wir gewöhnlich annehmen möchten.

Allmählich und sicher nimmt sein Interesse an den Bewegungen seiner Glieder und Augen zu und füllt einen größeren Teil seines Wachseins aus. Während der letzten Jahrzehnte ist viel beobachtet, sind die Beobachtungen durch Kontrollversuche zuverlässiger geworden. 1947, als ich *Body and Mature Behaviour* schrieb, gab es nur wenig Information über die Augen eines Kindes bei der Geburt, im Alter von drei Wochen und zu späteren Zeitpunkten. Sind sie auf Unendlich eingestellt? Können sie konvergieren? Unsere Augen konvergieren, um Nahes zu sehen, und stellen für Fernsicht die Achsen der Augäpfel so gut wie parallel. Ich war, von meiner Neugier getrieben, der Reaktion aufs Fallen mit meinen ungeschulten und laienhaften

Beobachtungen nachgegangen; seither hat man sie schon wenige Minuten nach der Geburt beobachten können und darüber ein beträchtliches und verläßliches Wissen zusammengetragen.

Jede Geschichte von Wachstum, Entwicklung und Lernen ist spannend; und es ist ungeheuer spannend, einem Kleinkind zuzuschaun, wie es die Fähigkeit zu rudimentären und nicht ganz absichtlichen Kontraktionen seiner Beugemuskeln erlangt, wie es lernt, sich auf die Seite und dann auf den Bauch zu rollen, und wie die Streckmuskeln des Rückens stark genug werden, daß es in der Bauchlage den Kopf heben kann. Dieses Kopfheben in der Bauchlage ist etwas anderes als andere Hebe-Übungen: indem sich die Rückenmuskeln mächtig zusammenziehn, wird der Kopf gehoben, bis die Augen sozusagen gegen den Horizont hin nach vorn blicken können: der Kopf ist so gehoben, daß das Gesicht in der gleichen Stellung hinsichtlich der Senkrechten ist, die es dann im Stehen einnehmen wird. Schlagen Sie einmal in Ihrem Familienalbum nach; vielleicht werden Sie dort ein Foto finden, auf dem Sie den Kopf viel besser heben als Sie ihn jetzt halten.

Ich glaube, daß der otolithische Apparat im Innenohr – winzige Härchen, an deren Enden Steinchen sind, die maximale Impulse erzeugen, wenn sie genau senkrecht hängen – den Kopf so ausrichtet, daß es für die Augen leicht wird, den Horizont zu sehen. Ich glaube ferner, daß die Umkehrung des Kindes im Mutterschoß, in deren Folge es dann Kopf voran aus der fötalen in die Kleinkindwelt kommt, rechtzeitig geschieht, um die Erzeugung maximaler und minimaler Erregungen von den Otolithen aus zu sichern. Man kann das vergleichen mit dem Ausrichten eines elektrischen Meßgeräts: man stellt den Zeiger genau auf Null, damit dann die Ablesungen der Messungen stimmen.

Ich sage nochmals – und ich glaube, daß es richtig ist,

aber ich weiß nicht wirklich, ob es zutrifft; trotzdem würde es mich überraschen, wenn es sich als eine bloße Vermutung erweisen sollte –: ich habe im Lauf von rund vierzig Jahren eine große Anzahl Menschen beobachtet, deren Haltung schlecht war, und wie Sie schon wissen, bedeutet das für mich auch, daß ihre absichtlichen Bewegungen unzulänglich organisiert waren; und in vielen Fällen habe ich gefunden, daß bei ihnen die »Periode otolithischer Standardisierung« durch gewisse Umstände erheblich verkürzt worden war.

Schritt für Schritt wird die subjektive Realität einem langsam wachsenden Komplex von Empfindungen Platz machen, die von ganz besonderer Art sind: Empfindungen nämlich, welche von den Menschen um uns gebilligt oder verurteilt werden. Eltern, Besucher, Lehrer werden entweder »Gutes Kind, braves Kind« sagen oder, mit der entsprechenden Grimasse dazu, »Laß das sein, das tut man nicht«. Nach und nach wird dem Heranwachsenden aufgehen, daß so manches an seiner heißgeliebten subjektiven Wirklichkeit von denen abgelehnt wird, die für seine Bedürfnisse Sorge tragen und die ihm vor allem die Sicherheit ihrer Fürsorgebereitschaft und Zuneigung geben. Er wird allmählich lernen, daß er nur einen geringen Teil seiner subjektiven Wirklichkeit mit anderen gemein hat, oder vielmehr: dem Kleinkind wird nur der Teil davon bewußt werden, der ihm von den Anderen bestätigt wird. Es ist leichter, einer Mißbilligung innezuwerden in dem Augenblick, da sie einen trifft, als der Gesamtheit des schrittweise abgebauten Innenlebens von Phase zu Phase inne zu sein.

Allmacht, die gelebt, aber nicht wahrgenommen wird, wird auf eine völlig unverständliche Weise abgetragen. Auf ein Kind, das auf einem Stuhl steht, sich an der Lehne hält und zu seinem großen Vergnügen mit dem Stuhl hin und her schaukelt, werden sich die Eltern mit einem Ausdruck des Schreckens und der Besorgnis stürzen. Sie werden das Kind mit ungewohnter Heftigkeit packen und ihm derlei Unfug mit Aufgebot aller Autorität verbieten, obwohl Kleinkinder auf diese Weise nur selten zu Schaden kommen: denn entweder wird die angeborene Fallangst die Erweiterung der Schaukelbewegung verhindern, oder das Kind wird rechtzeitig vom Stuhl gleiten und mit dem Schreck oder einer nur geringfügigen Verletzung davonkommen. Der Zuschauer aber kann es nicht verantworten, einer Handlung zuzusehn, die mit dem Schlag des Hinterkopfs auf einen Steinboden enden kann, zumal die Möglichkeit einer schweren Verletzung mit inneren Blutungen nicht auszuschließen ist. Wir haben es indessen jetzt nicht mit Erziehungsmethoden zu tun, sondern mit der objektiven Wirklichkeit. Die objektive Wirklichkeit wächst langsam, trägt dabei die subjektive ab, und parallel zu diesem Vorgang wird die Neugier, alles auszuprobieren, um zu sehen, was geschieht – und sie ist es, die wir als Allmacht empfinden und deuten –, immer mehr beschnitten.

So gesehen, werden alle die Handlungen und Begriffe, die wir schließlich bei allen Erwachsenen um uns antreffen, unser aller objektive Wirklichkeit bilden. Objektive Wirklichkeit ist daher notwendig ein Teil jeder subjektiven Wirklichkeit, die sich ungehindert und ungestört entwickelt hat, weil die Eltern – zum Glück – nicht wissen, wie. Die subjektive Realität ist so gesund wie unsere biologische Ausstattung. Die objektive Realität zeigt unser Heranwachsen als Mitglied einer menschlichen Gesellschaft, als Glied einer Kultur oder sogar einer ganzen Zivilisation. Unsere objektive Realität, wie unser Verhalten in unserer gesellschaftlichen Umgebung sie spiegelt, gilt als ein Maßstab unserer geistigen Gesundheit. Angenommen, ich sage, daß ich Musik von Bach gern habe, oder daß ich sie nicht leiden kann. Menschen, die nicht gerade Pop Fans sind, mögen daraus schließen, daß ich musikalisch sei, oder daß ich von Musik nichts verstehe: je nachdem. Dabei haben wirs, ich wie meine Richter, mit einer Frage des Geschmacks zu tun, der eine subjektive Angelegenheit und durchaus Privatsache ist, nicht mehr und nicht weniger. Und über Geschmack läßt sich bekanntlich nicht streiten. Übrigens ebensowenig über Gerüche. Aber nehmen wir einmal an, ich würde allen Ernstes behaupten, daß ich Johann Sebastian Bach bin (üblicher ist allerdings Napoleon, manchmal auch Christus), und ich würde von Ihnen verlangen, daß Sie mich als Bach behandeln: wenn ich unabsichtlich mich lange genug konsequent so benehme, so wird man mich einsperren. Die objektive Realität, über die man stillschweigend allgemein übereingekommen ist, ist das Maß Ihrer wie meiner geistigen Gesundheit. Wenn wir gegen die Wirklichkeit verstoßen, welche die Gesellschaft, in der wir leben, von unserem subjektiven Leben übernommen hat, wenn wir gegen sie uns versündigen oder ihr widersprechen, dann wird unsere geistige Gesundheit, unsere Zurechnungsfähigkeit als ein Mitglied dieser Gesellschaft angezweifelt werden. Das mag Ihnen eine Ahnung geben von einer Methode, wie man mit Menschen, die von der Gesellschaft abgelehnt oder ausgestoßen worden sind, umgehen kann. Nicht, daß eine solche Methode sich jetzt schon klar und greifbar abzeichnete. Nur, blickt man in sich, so entdeckt man dort gewöhnlich Spuren von Verhaltensweisen, die man unterdrückt hat aus Angst, für verrückt gehalten zu werden; denn selbst heute noch sind der Mehrzahl der Menschen Geistesstörungen nicht anders vorstellbar denn als eine Krankheit oder ein Defekt des Gehirns!

Ich habe wiederholt gesagt, daß objektive Wirklichkeit nur ein Teil der subjektiven sei. Viel Zeit und viel Arbeit waren nötig, um zu diesem Schluß zu gelangen und seine Brauchbarkeit zu erkennen. Um das Leben und uns selber innerhalb eines allgemeinen Schemas unseres Weltalls zu betrachten, kennen wir zur Zeit keinen besseren Blickwinkel, keine gründlicher erwiesene Perspektive als die der Evolutionstheorie. Sie hat alte Gegner, die je und je vermeinen, in ihr neue Fehler entdeckt zu haben; aber im großen und ganzen ist diese Theorie ausgebaut und verbessert worden und gilt – bis auf weiteres – als verläßlich.

Was ich vorhin über subjektive und objektive Wirklichkeit gesagt habe, ist nicht leicht zu verdauen. Ich habe die Frage wiederholt überprüft. Die Evolution des Nervensystems bei allen Säugetieren zeigt, daß die subjektive Welt viel größer ist als die objektive. Das wird in der Struktur des Nervensystems offenbar.

Die Gesamtzahl der Nervenzellen wird gewöhnlich als $3 \cdot 10^{10}$ angenommen. Die objektive Wirklichkeit kennen wir durch unsere Sinne: durch Hören, Sehen, Riechen, Schmecken, Tasten, heiß und kalt, trocken und naß. Die Anzahl der Neuronen, die uns über unsere äußere Umgebung informieren – die wir kurzerhand, wenn auch etwas leichtfertig, für die Wirklichkeit halten –, müßte, so möchte man meinen, im Verhältnis zu ihrer Gesamtzahl sehr groß sein. Es stellt sich aber heraus, daß z. B. in der Basilarmembran etwa zehntausend Nervenzellen sind, also zwanzigtausend für beide Ohren zusammen. Es gibt natürlich noch viele andere Zellen in den Ohren, aber es fragt sich, ob sie an inneren Vorgängen beteiligt sind oder nur damit beschäftigt, akustische Informationen zu analysieren, die von außen kommen. Sagen wir also vorsichtshalber: fünfzigtausend Zellen. – Die Netzhaut soll hundertfünfzigtausend Kegel, Stäbchen usw. haben; das macht für beide Augen dreihunderttausend. – Unsere Nase schneidet hier besonders schlecht ab, aber unsere Zunge ist an der Spitze und den Rändern reichhaltig innerviert: fünfzigtausend Nervenzellen dürfte für Zunge *und* Nase nicht eben bescheiden geschätzt sein. – Was den Rumpf und die Glieder betrifft, so sind unsere Fingerspitzen großzügig innerviert, aber im unteren Rücken kommt ein Nervenende nur alle vier bis fünf Zentimeter vor. Schätzt man die gesamte Körperoberfläche auf eintausend Quadratzentimeter, so erhalten wir eine durchschnittliche Innervationsdichte von zehn Nervenzellen pro Quadratzentimeter, oder zehntausend insgesamt, für die wir aber auch fünfundzwanzigtausend setzen können, um nicht für kleinlich gehalten zu werden. Wenn wir das vorläufig einmal zusammenzählen, so kommen wir, alles in allem, auf sechshundertfünfzigtausend Nervenzellen. Um eine Sicherheitsmarge zu haben, bin ich bereit, das auf drei Millionen zu erhöhen oder sogar auf $30 \cdot 10^6$, was ganz sicher übertrieben ist. So daß von $3 \cdot 10^{10}$ Zellen höchstens $3 \cdot 10^7$ unser Inneres über die Außenwelt informieren, und das macht weniger als eine auf je tausend Zellen, welche Daten analysieren, integrieren, auswerten oder was immer sonst das Nervensystem tun mag. Vielleicht fällt es Ihnen jetzt leichter, mir beizupflichten, daß von zehntausend nur eine Zelle Informationen über die objektive Wirklichkeit hereinbringt und daß die subjektive Wirklichkeit unermeßlich reichhaltiger und komplexer ist.

Es fällt nicht schwer, sich unsere Welt ohne Leben vorzustellen, ohne irgendwelchen belebten Stoff. Wir wissen ja auch, daß es tatsächlich eine Zeit gegeben hat, da die Erdatmosphäre keinen Sauerstoff enthielt, und daß Strahlen, viel schädlicher noch als unsere Röntgenstrahlen, bei der Entstehung des Lebens aufgehört haben. Erst nachdem durch eine Reihe von Zufällen oder jemandes Fehler eine Atmosphäre entstanden war, welche die gefährlichen Strahlen durch Aufsaugen ausfiltern konnte, wurde Leben auf der Erde möglich. Mit anderen Worten: es gibt eine

Realität, aus der die subjektive mütterliche Wirklichkeit – neun Monate – und die objektive väterliche – ein paar Minuten – entstanden sind.

Die kosmische Realität ist so unermeßlich und so überwältigend, daß wir von ihr einen Blick nur dann erhaschen können, wenn wir ganz auf unserer Höhe sind. Wir müssen Dichter, Mathematiker, Musiker, Philosophen sein, um eine Ahnung von ihrer Größe zu haben, von ihrer Ausdehnung, von ihrem Stoff, von ihrer Energie, ihrer Dauer, die alle wir uns gar nicht vorstellen, geschweige denn begreifen können. Unser Wissen, das durch so vieles Mühen der besten Menschengehirne errungen worden ist, ist nur das Maß unserer Unwissenheit hinsichtlich dieser Realität und eine Herausforderung an unsere Zukunft.

Zusammenfassung

Ich glaube, daß die Zukunft des Menschen besser und interessanter ist als selbst die Wissenschaft, unser stärkstes Werkzeug, uns glauben machen mag. Bis heute ist »Wirklichkeit« nur die Gesamtheit äußerer und innerer Vorgänge, von denen wir nicht ahnen, daß wir sie ändern können.

Bewußtheit durch Bewegung

Ein chinesisches Sprichwort sagt: »Ich höre und vergesse.
Ich sehe und behalte. Ich tue und verstehe.«
Wie die meisten Sprichwörter, stimmt es nicht ganz, ent-
hält aber einen Kern von Weisheit. Nicht alles, was wir
hören, vergessen wir, und wir behalten auch nicht alles, was
wir sehen. Ich glaube jedoch, daß wir am besten das verste-
hen, was wir tun können. Ja, aber ich habe »Blocks«,
»Phobien«, »Tricks«, »Hemmungen«, »Zwänge«, die mein
Tun auf sich wiederholende Schemata einschränken ohne
Ausweg und ohne andere Wahl. Mein Verstehen bezieht
sich auf Dinge, welche ich tun kann. Wie immer ich es auch
drehe und wende, ich kann nicht verstehen, warum ich
mich machtlos fühle; ich kann nicht verstehen, warum ich
deprimiert bin; nicht, warum ich heute so männlich und
fröhlich bin. Selbst das Tun also führt zu keinem absoluten
Verstehen. Was dann sonst? – Lösen Sie dieses »absolute«
auf: dann werden Sie besser verstehen.

Als ich an mir, oder genauer: mit mir zu arbeiten begann,
weil ich Schwierigkeiten hatte mit meinen Knien, habe ich
zwischen der manipulativen *Funktionalen Integration* und
der Gruppentechnik, die *Bewußtheit durch Bewegung*
schafft, noch nicht unterschieden. Ich merkte den Unterschied zwischen den beiden nicht und benützte sie wahllos.
Mit der Zeit aber fiel mir auf, daß das, was ich mit mir tat,
sich anderen nicht leicht und jedenfalls nicht einfach mitteilen ließ. Ich hatte zwar nie daran gedacht, es auch zu tun;
aber eines Tages bat mich ein Kollege, ein Physiker, an
dem, was ich da mit mir trieb, teilhaben zu dürfen. Ich

mußte also meine Erfahrung jemandem mitteilen. Mich nachzuahmen, fand er unbefriedigend, da er ja nicht wußte, wie und worauf er achten sollte, und auch nicht unterscheiden konnte, worauf es ankam und was nebensächlich war. Je mehr Fragen er mir stellte, desto mehr ging er mir auf die Nerven, denn mein Unvermögen, ihm in wenigen Worten zu erklären, was ich da tat, irritierte mich. Ich sah, daß ich in meine Vergangenheit zurückgehen mußte, um die Art und Weise festzustellen, wie ich mich selber leitete und lenkte, sowie die Gedankengänge nachzuvollziehen – und später auch die Gefühle –, die mich dahin geführt hatten, das zu tun, was ich jetzt tat. Dabei wars mir nun leid um die vergeudete Zeit, und ich ärgerte mich. Seine Neugier war mir zuwider, und das Gefühl meiner eigenen Ohnmacht machte ihn mir lästig.

Da ich meine Arbeit mit mir als Selbstbeobachtung verstand, fiel mir ein, daß Selbstüberprüfung nicht ohne Urteile abgeht, richtige oder falsche. Was mich ärgerte, war, daß ich mich jetzt überprüfen mußte, während ich, als ich allein war, mich einfach hatte als einen Gegenstand beobachten können, der sich bewegte und tat. Nicht, was für eine Bewegung ich machte, beschäftigte mich beim Beobachten, sondern wie ich sie ausführte; denn das schien ja an meinem Knie-Übel das Entscheidende zu sein. Ich konnte mit meinem Bein eine Bewegung hunderte Male wiederholen, konnte wochenlang ohne die geringste Schwierigkeit gehen, und dann, während ich genau die gleiche Bewegung zu machen glaubte, verdarb eine einzige plötzlich alles. Es lag auf der Hand: diese eine Bewegung mußte anders ausgeführt worden sein als die vorangegangenen. Die Art und Weise, wie ich eine Bewegung machte, mußte daher viel wichtiger sein als das, worin sie bestand.

Mit jemandem zu sein, der mein Gefühl dessen teilte, was ich mit mir tat: das war, wie wenn man durch einen

Steinwurf die glatte Oberfläche eines Wassers stört. Um zur Sache zu kommen: mir wurde klar, daß ich es mit einem Prozeß der Selbst-Leitung oder Selbst-Lenkung zu tun hatte und daß jede einzelne Bewegung nur insofern von Belang war, als sie diesen Prozeß erhellte. Da dieser Prozeß bei mir offensichtlich nicht vollkommen war, konnte er auch bei anderen unvollkommen sein. Da meine Knie mir während eines oder zweier Jahrzehnte keinerlei Schwierigkeiten bereitet hatten, kamen Erbschädigungen nicht in Betracht. Ich hatte also lediglich herauszufinden wie ich dazu gekommen war, den Prozeß der Selbst-Leitung so zu erlernen und nicht anders. Kein Neugeborenes kann sich bewegen wie ein Erwachsener; es muß die Bewegungen erst erlernen, indem es sich entwickelt und wächst. Ich mußte daher als Erwachsener das neu lernen, was ich früher nicht besser erlernt hatte. Lernen, wie man lernt: das war es, was ich mit meinem Kollegen zu teilen, was ich ihm mitzuteilen hatte. Ich war kein Lehrer, und doch sollte er lernen, wie ich, was immer er mich tun sah, tat.

Zuerst machte ich ihm klar, daß Lernen grundverschieden ist von Tun. Im Leben muß jede Handlung im richtigen Augenblick mit der richtigen Geschwindigkeit und dem richtigen Maß an Kraft ausgeführt werden. Wird eine dieser Bedingungen nicht erfüllt, so wird die Handlung gefährdet oder zunichte: sie wird ihren Zweck verfehlen. Den angestrebten Zweck zu erreichen, kann an sich schon als Kriterium angesehen werden, mag der beabsichtigte Zweck auch Bewegung um der Bewegung oder Tanzen um des Tanzens willen sein. Und doch sind im Leben alle diese Bedingungen erfolgreicher Leistung, sind Zielstrebigkeit, Erfolgs- und Leistungszwang dem Lernen ein Hindernis. Sie sind aber während der ersten zwei, drei Lebensjahre noch nicht wirksam, und das ist die Zeit, in der fürs Lernen der Boden ausgehoben und die Grundsteine gelegt werden.

Erfolgreich lernen können wir nur in dem uns eigentümlichen Tempo. Kleinkinder wiederholen jede neue Handlung in ihrem eigenen Tempo so lange, bis sie genug haben. Genug haben sie dann, wenn eine Absicht und deren Ausführung, wenn Tun-Wollen und Tun zu einer einzigen Handlung werden, die als bloße Absicht empfunden wird.

Das Kleinkind kann nicht anders; der Erwachsene jedoch kennt seine eigene Lerngeschwindigkeit nicht. Lernt einer Tennis spielen oder Golf oder was immer sonst, dann wiederholt er so lange, bis er das Gefühl hat, daß seine Leistung von anderen gebilligt wird, oder bis er durch einen Erfolg oder Sieg ihren Beifall erhält. Was er sich als die Lerngeschwindigkeit eines »normalen« Menschen auferlegt hat, verfälscht ihm die Einschätzung der eigenen. Seine ganze Kindheit lang, zuhause wie in der Schule, unter Geschwistern oder anderen Kindern, ist er von Eltern und Lehrern gedrängt und geschoben worden, so zu werden wie sie, mit einer Lerngeschwindigkeit, die nicht die seine war und die zu erreichen er sich wahrscheinlich sein Leben lang abmühen wird.

Wenn Sie Bewußtheit durch Bewegung lernen, gehen Sie, bitte, sehr langsam vor, so langsam, daß Sie dabei Ihre Lerngeschwindigkeit entdecken können; denn hier wird weder Ihr Ehrgeiz, noch das Tempo anderer Sie drängen, schneller zu sein als Sie's vermögen. Bei Lektionen in *Bewußtheit durch Bewegung* wird jedem alle Zeit gelassen, die er braucht, um sich das Bild der Bewegung zu eigen zu machen und sich an das Neuartige der Lage zu gewöhnen; Zeit genug, um sich zu gewahren und zu organisieren und um die Bewegung so oft zu wiederholen als er möchte und als ihm richtig scheint. Hier wird nicht gepfiffen oder taktiert; hier gibt es keine Trommel, kein Metronom, keinen vorgeschriebenen Rhythmus, keine Musik. Langsam lernen

Sie Ihren angeborenen Rhythmus finden, der von Ihrer Struktur bestimmt wird. Jede Körperpartie hat ihre Schwingungsrate, wie ein Pendel. Indem man mit einer Handlung vertrauter wird, nimmt die Geschwindigkeit der betreffenden Bewegung zu und damit auch ihre Kraft. Das mag nicht selbstverständlich scheinen, stimmt aber trotzdem. Die Langsamkeit ist nötig, um parasitäre, überflüssige Anstrengungen zu entdecken und sie dann schrittweise auszuschalten. Überflüssiger Kraftaufwand ist schlechter als ungenügender, da er unnütz Kraft kostet. Schnelles Handeln beim Lernen ist anstrengend, führt zu Verwirrung und macht das Lernen unangenehm und ermüdend.

Lernen muß angenehm und leicht sein. Das sorgt auch für einfache Atmung. Was anders gelernt wird, wird selten gewohnheitsmäßig spontan werden. Bei Lektionen in Bewußtheit durch Bewegung machen Sie sich das Unmögliche möglich, dann leicht, bequem, angenehm und schließlich gefällig und ästhetisch befriedigend. Zu erlernen, wie man neue Fertigkeiten lernt, scheint mir wichtiger als diese Fertigkeiten selbst. Neues Können ist bloß eine nützliche Belohnung für Ihre Aufmerksamkeit. Sie werden das Gefühl haben, daß Sie das Können verdient haben, und das wird Ihnen helfen, Ihr Selbstvertrauen aufzubauen.

Um zu einer richtigen Bewegung zu gelangen, ist vorerst eher an bessere Bewegung zu denken als an richtige; denn die richtige Bewegung hat keine Zukunft: sie läßt sich nicht weiter entwickeln. Während einiger Olympiaden galt es als richtig, zwei Meter und vier Zentimeter hoch zu springen, um Aussicht auf die Goldmedaille zu haben; und solange dies als richtig galt, konnten selbst die besten Athleten es nicht überbieten. Heute muß man, um sich für Wettkämpfe auch nur zu qualifizieren, über zwei Meter zwanzig springen, und viele springen über zwei Meter dreißig. Das Bessere kann verbessert werden; das Richtige bleibt

Grenze für immer. Denken Sie an so große Läufer wie Nurmi und Ladoumeque: sie kämen heute nicht einmal bis ins Halbfinale. Besser kann noch besser werden; richtig und korrekt ist richtig und korrekt ein für allemal und nimmt einem den Wind aus den Segeln. Das ist keine bloße Wortspielerei. Sie brauchen sich nur Ihren Geisteszustand vorzustellen, wenn Sie das Gefühl haben, nicht Ihr Bestes geleistet zu haben, und ihn zu vergleichen mit dem Zustand, nachdem Sie Ihr Äußerstes aufgeboten, ohne Ihr Ziel erreicht zu haben, und sich nun entmutigt und vor sich selbst erniedrigt fühlen. Im ersten Fall meldet sich der Wunsch, es noch einmal zu versuchen; im zweiten nicht.

Bei Lektionen in *Bewußtheit durch Bewegung* beginne ich mit den Bestandteilen der Bewegung, und es kann an die zwanzig Variationen der Teilkonfigurationen geben, aus denen die schließliche Bewegung oder Fertigkeit besteht. Diese Bewegungsteile lassen die Handlung, die sich am Ende aus ihnen ergeben wird, meist nicht erahnen. Da also kein ersichtliches Leistungsziel die Schüler zu Anspannung herausfordert, bleiben sie gelassen. Das steht im Gegensatz zu den vorherrschenden Lehr- und Erziehungsmethoden, bei denen wir oft programmiert werden, wider unser besseres Wissen die Leistung, das Gelingen, den Erfolg anzustreben. Indem wir unsere Aufmerksamkeit vom Ziel und unserem Erfolgsdrang weg auf die Mittel und Wege unseres Tuns verschieben, wird der Lernprozeß leichter, ruhiger und schneller. Zielstrebigkeit schwächt den Anreiz zum Lernen; wenn wir dagegen ein Handlungsniveau wählen, das ohne weiteres im Bereich unserer Mittel liegt, können wir unsere Handlungsweise verbessern und am Ende ein viel höheres Niveau erreichen.

Lassen Sie beim Lernen jede Absicht weg, es richtig zu machen; tun Sie nichts gut oder schön und eilen Sie nicht, denn Eile stiftet Verwirrung. Gehen Sie langsam vor und wenden Sie lieber weniger Kraft auf als nötig ist. Konzentrieren Sie sich nicht, denn das hieße wörtlich, daß Sie um sich herum nichts wahrnehmen. Konzentration kann sonst im Leben manchmal nützlich sein, aber beim Lernen hat sich die Aufmerksamkeit abwechselnd auf den Hintergrund zu richten und auf die Figur. Beim Lernen müssen Sie erst die Bäume kennen und dann den Wald, zu dem sie gehören. Das Wechseln von der Figur zum Hintergrund und wieder zurück wird mit der Zeit so geläufig, daß man beide gleichzeitig wahrnehmen kann, ohne sich darum zu kümmern, geschweige denn zu bemühen. Das Ausschalten parasitärer und somit unnützer Handlung führt eher zu Wirksamkeit als das Streben nach dieser. Seien Sie weder ernst noch eifrig und trachten Sie nicht, Fehler zu vermeiden. Die Art Lernen, die mit *Bewußtheit durch Bewegung* einhergeht, ist eine Quelle angenehmer Empfindungen, deren Klarheit verloren geht, wenn etwas die Annehmlichkeit trübt.

Fehler lassen sich beim Lernen nicht vermeiden, nicht einmal dann, wenn wir uns ausschließlich auf strikte Nachahmung verlassen. Wer keine Fehler machen kann, kann auch nicht lernen: eine grammatische Bemerkung, die durchzudenken lohnt. Für uns heißt lernen: das Unbekannte begreifen. Jede Handlung kann zu Unbekanntem führen. Wenn Sie von Anfang an ausschalten, was Ihnen falsch scheint, könnten Sie jedes Interesse am Lernen verlieren. Fehler können wir ausschalten, wenn wir wissen, was richtig ist. Aber wenn wir wissen, was richtig ist, können wir aufs Lernen überhaupt verzichten: bloßes Wiederholen oder Üben wird uns ein gewisses Können beibringen. *Bewußtheit durch Bewegung* führt zur Selbsterkenntnis und zur Entdeckung bislang ungeahnter Möglichkeiten in uns selbst. Statt Fehler zu vermeiden, verwenden Sie sie lieber absichtlich als Alternativen für das, was Sie zunächst als richtig empfinden. Es könnte sein, daß Richtig und Falsch bald die Rollen tauschen.

Ich gebrauche das Wort »Bewußtheit« für bewußtes Wissen, bewußtes Erkennen, Gewahrwerden oder Innesein, und solche Bewußtheit sollte nicht mit einfachem Bewußtsein verwechselt werden. Ich bin mit meinem Haus wohlvertraut, aber ich bin mir der Anzahl Stufen nicht inne, die ich zu meiner Tür hinaufsteigen muß. Durch all die Jahre hindurch verlasse ich bewußt meine Wohnung und kehre ebenso bewußt nach Hause zurück und weiß doch die Anzahl der Stufen nicht. Wenn ich nur ein Mal aufmerke und die Anzahl Handlungen zähle, wie etwa das Verschieben der Augen und all die Kopf-, Arm- und Beinbewegungen, die ich dabei ausführe, dann werde ich gewahr oder inne, daß ich die Treppe bisher zwar bei Bewußtsein, aber nicht mit Bewußtheit hinaufgestiegen bin. Ist mir einmal bewußt, wie ich meine Aufmerksamkeit von Stufe zu Stufe verschiebe, dann bin ich ihrer gewahr und weiß auch ihre Zahl. Ich gebrauche »Bewußtheit«, um Bewußtsein-von *plus* Erkennen oder Wissen zu bezeichnen. Fast ein ganzes Leben lang weiß ich schon, daß ich absichtlich schlucken kann, ohne inne zu sein, d. h. ohne *bewußt* zu wissen, wie ich es tue. Niemand weiß, wie wirs tun.

Auch meine Schüler meinen manchmal irrtümlich, daß ich ihnen Bewußtheit aller ihrer Handlungen empfehle, die sie im wachen Zustand ausführen. Um meinen rechten Fuß vom Boden zu heben, muß ich zuerst mein rechtes Hüftgelenk mobilisieren, und das heißt, daß ich den Großteil meines Gewichts, wenn auch nur für einen Augenblick, nach links verlagern muß; daß ich mir alles dessen innewerde, erhöht und erweitert mein Lernen. Wenn ich diese Gehweise einmal erlernt habe, wird sie halbautomatisch. Trotzdem springt bei der leisesten Störung dieser Qualität meines Gehens meine Bewußtheit sofort an die Kontrollen.

Ich habe trotz meiner beiden schadhaften Knie so gut wie alles mit mir tun können und zwar nur, weil ich mir dessen, was ich zu tun vorhabe, und der Art, wie ich es tun werde, inne bin, bevor ich eine nicht wieder gutzumachende, fehlerhafte Bewegung machen würde. Unter normalen Umständen aber habe ich meistens meinen einfachen absichtlichen Gang wie zu der Zeit, als ich noch nicht innegeworden war, wie mit schadhaften Knien zu gehen sei. Ich zähle die Stufen meines Hauses nicht jedesmal, wenn ich sie hinaufgehe, und ich kann mir diesen Luxus leisten aufgrund der Freiheit, welche meine Bewußtheit mir verleiht.

Verfahrensweisen, welche der von *Bewußtheit durch Bewegung* ähnlich sind, lassen sich aufspüren, wenn man malen oder ein Instrument spielen lernt, oder beim Lösen mathematischer Probleme. Ein Maler vor seiner Staffelei, mit Stift oder Pinsel in der Hand, betrachtet das Gesicht oder den Gegenstand, die er auf dem Blatt oder der Leinwand wiedergeben möchte. Er schaut auf das Gesicht und auf das Blatt; er wägt seine Hand, befreit sie von unnötigen Spannungen, und das gibt ihm das Gefühl der Sicherheit, daß er das, was er sieht, auf das Blatt übertragen kann. Um jedoch das, was vor ihm ist, wiederzugeben, muß er es immer wieder anschauen, bis er völlig gewahrt, was er sieht. Ist es ein ovales Gesicht? Sind die Augen mehr in der Nähe des Gesicht-Umrisses oder mehr in der Mitte? Und so weiter. Erlernt er Bewußtheit durch Bewegung, so kann er herausspüren und merken, ob er besser und fließender zeichnet oder malt, wenn ers aufs Einatmen tut oder aufs Ausatmen oder wenn er den Atem überhaupt anhält. Diese Bewußtheit durch oder während der Bewegung wird schließlich einen Maler heranbilden, der natürlich und ohne jede Anstrengung schauen und malen kann. Die Zeit, die man auf Selbstbeobachtung beim Handeln wendet – und jedes Handeln ist Bewegung –, ist geringfügig, gemessen an der Verfügbarkeit und Gewandtheit des Könnens, die dadurch entstehen.

Ein Geiger, Schauspieler, Schriftsteller oder wer auch immer, der sich der Bedeutung von Bewußtheit nicht inne ist für die Art und Weise, wie man sich im Leben beim Handeln oder Funktionieren selber leitet, wird in dem Aubenblick aufhören sich zu entwickeln, da er die Verfahrensweise, welche er für die richtige hält, erreicht zu haben glaubt. Manche großen Pianisten z. B. sind sich beim Üben stets ihrer Spielweise inne, erkennen, was daran Gewohnheit ist, und entdecken Alternativen dazu. Fortschritte begabter Menschen entstehen dadurch, daß sie sich ihrer selbst inne sind, während sie tun. Ihr Talent entspringt der Freiheit, ihre Verfahrensweisen zu wählen, ja man könnte beinah sagen, daß, was wir Talent nennen, nichts anderes als diese Freiheit ist. Neue Verfahrensweisen sind jedem verfügbar, der sich entdeckt oder der das Glück gehabt hat, auf einen Lehrer zu stoßen, der ihm geholfen hat, lernen zu lernen. Solche Lehrer unterrichten Musik und nicht diesen oder jenen Aspekt einer Kompositions- oder Spielweise. Das gleiche gilt für alle menschlichen Fertigkeiten und Künste. Denen, die überragende Leistungen vollbringen, ist eines gemeinsam: sie üben täglich viele Stunden, ihr Leben lang. Stundenlanges wiederholendes Üben ist Schwerarbeit; die Stunden, da wir Bewußtheit in der Bewegung oder Handlung üben, sind und bleiben die fesselndste und lohnendste Zeit unseres Lebens. Das Gefühl, am Leben und lebendig zu sein, hängt zusammen mit der Bewußtheit des Selbstwerdens.

Ich habe das Glück gehabt, Zeuge eines Beispiels von Bewußtheit des Gehörten zu sein. In unserem Laboratorium in Paris war eine Waage, die einige Jahrzehnte lang gedient hatte, demontiert und eine neu entworfene Curie-Waage installiert worden, und ich war im Begriff nach

Hause zu gehen. Frédéric Joliot-Curie bat mich, das neue Instrument noch anzuschaun, auf das er sehr stolz war. Zwischen seiner zentralen Aufhängung und seinem Gehäuse, das geerdet war, hatte das Instrument eine Spannung von fünfzehnhundert Volt. Es war schon spät und niemand mehr im Labor außer uns. Joliot sah sich noch einmal um, dann zog er seinen Mantel aus und begann das Instrument auszuprobieren. Er nahm einen Metallstreifen, der in der Nähe des Instruments liegen geblieben war, legte ihn in die Kammer und schaltete den Zähler ein, woraufhin aus dem Lautsprecher ein Hagel von knackenden Geräuschen kam. Joliot machte seinem Ärger darüber Luft, daß der Anschlag, den er aufgehängt hatte und auf dem wer immer als letzter das Labor verließ, gebeten wurde, das Instrument abzustellen, nicht beachtet oder jedenfalls die Bitte nicht befolgt worden war. Er zog den Mantel wieder an, wir waren schon im Weggehen, als er, die Hand nach dem Schalter ausgestreckt, erstarrte als hätte ihn der Blitz getroffen. Er zog den Mantel wieder aus; für alles andre blind und taub, stand er bei der Waage und horchte auf das Knacken. Immer noch horchend, wandte er sich um und sagte: »Hörst du, wie das Knacken immer schwächer wird? Hier ist kein radioaktives Material, das eine solche halbe Lebensdauer hat.« Nachdem er den Apparat seiner eigenen Vorschrift gemäß abgeschaltet hatte, gingen wir nach Hause. Anderntags erfuhren wir, daß die induzierte Radioaktivität entdeckt worden war. Wäre er jener Geräusche nicht bewußt gewahr geworden, so hätten sie wahrscheinlich nur zu einem Rüffel geführt für den, der es unterlassen hatte, die Maschine abzustellen. Fast eine Woche lang vergewisserte sich Joliot, bevor er sich und dann die Welt überzeugen konnte, daß die künstliche oder induzierte Radioaktivität eine experimentell erhärtete Tatsache ist. Er ist dann mit dem Nobelpreis belohnt worden. Ich glaube, nur wenige Physiker verfügen über einen solchen Grad von Bewußtheit wie Joliot-Curie; mancher hätte wahrscheinlich nur gemeint, es sei an dem neuen Apparat etwas nicht in Ordnung.

Vorfälle wie dieser werden oft als »intuitiv« wegerklärt. Meines Erachtens ist das eine Frage der Semantik. Intuition kommt vor auf einem Gebiet, von dem einer schon große Erfahrung hat und das für ihn von entscheidendem persönlichem Interesse ist. Viele hören das Geräusch der Meereswellen; aber nur Debussy fand oder schuf intuitiv ein musikalisches Thema für seine Tondichtung *La Mer*. Hätte Debussy gehört, was Joliot gehört hatte, er hätte vermutlich einen anderen musikalischen Einfall gehabt. Daß Joliot dessen, was er hörte, bewußt innewurd, scheint mir eine klarere und verständlichere Aussage zu sein, die sowohl an sich als auch allgemein genauer ist. Intuition ist eine annehmbare Bezeichnung, wenn man ihren Sinn bestimmt, d. h. beschrieben hat und wenn man sie dann nur dort anwendet, wo der ganze Mensch an einem bestimmten Gebiet intensiv interessiert ist. Wir haben die Wahl zu denken, was immer wir wollen. Wir verfügen tatsächlich über mögliche Alternativen. Diejenige meiner Wahl heißt Bewußtheit.

Im Lauf der vier Jahrzehnte, die ich mich mit menschlichem Lernen beschäftige, habe ich gemerkt, daß sich meine Schüler nur schwer vorstellen können, wie ich jahraus jahrein tausende Bewegungen improvisieren kann und zu jeder noch zehn oder mehr Vatiationen über das gleiche Thema dazu, bis selbst dem langsamsten unter meinen Hörern ein Licht aufgeht. Man sagt und schreibt, daß ich einmalig und in ungewöhnlichem Maße schöpferisch sei und ähnliches mehr, das ich nicht aus Bescheidenheit weglasse, sondern weil ich daran nichts Besonderes finde. Ich habe einmal zufällig etwas gehört, das mich sehr beeindruckt hat, nämlich: Der Mann auf der Straße, das sind Sie und ich. Ich glaube, das durchschnittliche, latente Genie, das sind Sie und ich. Ohne die Überzeugung, daß ich meinen Hörern und Lesern etwas zu bieten hatte, das für jeden wichtig ist, hätte ich weder die Kraft noch die Ausdauer gehabt, jahrzehntelang weiterzuarbeiten. Während eines langen Gesprächs mit Jonas Salk im Salk Institute von San Diego rief Salk aus: »Menschen wie Sie und ich sind auf der Welt allein; wir sollten beisammenbleiben.« Das stimmt nicht, denn meistens sind wir nicht allein; aber wir sind es, wenn es uns schlecht geht.

Ich glaube, daß die latenten Fähigkeiten eines jeden von uns beträchtlich größer sind als die, mit denen wir leben. Daß sie latent geblieben sind, rührt von unserem Mangel an Bewußtheit her, den wir unwillkürlich hinnehmen. Ich glaube, die Leiden und Mühen menschlichen Lebens von der ersten Dämmerung der uns bekannten Geschichte an – alles in allem zehn- oder zwölftausend Jahre lang – sind so groß gewesen, daß unser heutiger Zustand kein Versagen, sondern bloß eine Tatsache ist. Die schier unermeßlichen Möglichkeiten der Kombinatorik, die sich uns mit dem Aus- und Übergreifen explosiven Denkens von einer Disziplin auf die andere eröffnen, werfen neue Probleme auf: wir werden mit unserem Gehirn, wie es jetzt ist, dermaßen in Verlegenheit kommen, daß wir es durch noch zu ersinnende Computer werden ersetzen müssen; sonst werden wir eine zunehmende Entwicklung unserer heutigen Fähigkeiten durchmachen. Ich für mein Teil glaube, daß die Aussichten darauf sich bereits abzeichnen. Ich glaube, daß wir bereits ein Gehirn haben, das manchmal mit seiner vollen Leistungsfähigkeit funktioniert: dann nämlich, wenn wir innewerden, wie wir es zu benützen vermeiden. Das kulturelle Programm, wie es den meisten Gehirnen heute eingegeben wird, ist sowohl nach Inhalt als auch nach Absicht und Tragweite überlieferte Gewohnheit. Wir beschränken unsere Entwicklung auf das, was unmittelbar nutzbringend ist, wie wir das immer schon getan haben. Wir vergeuden unsere Fähigkeiten, indem wir nur diejenigen benützen, welche uns in der elenden Lage, die wir selber geschaffen haben, unentbehrlich sind. Denken Sie bloß an die Geschwindigkeit, mit der wir lesen: eine große Leistung, gewiß; aber besteht wirklich eine Notwendigkeit, die sie auf unsere Sprechgeschwindigkeit beschränkt (bestenfalls dreihundert Silben pro Minute)? Ist das unsere Geschwindigkeit, weil wir Lesen und Schreiben mit Hilfe von Sprechen lernen, und müssen wir darum für immer dabei bleiben? Wir reden uns leicht ein, daß unserer Lesegeschwindigkeit eine Grenze gesetzt sei durch die Grenzen unsres Gehirns, und das trifft auch tatsächlich zu, wenn wir einmal wissen, daß wir lernen können, die geschriebene oder gedruckte Seite nur mit Augen- und Kopfbewegungen gleichsam abzutasten. Dadurch wird das Erfassen des Inhalts vom subvokalen Sprechen getrennt, bzw. unser unterschwelliges Mitsprechen gehemmt, und das erhöht die Lesegeschwindigkeit auf das Zehnfache. Wenn wir dann dreitausend Silben pro Minute lesen, können wir Inhalt und Einzelheiten besser behalten. Sind Sie sicher, daß wir nicht die Mehrzahl unserer Fähigkeiten, die wir ahnungslos durch irgendwelche anderen »nützlichen« Kriterien beschränkt haben, ebenfalls auf ihr Zehnfaches steigern könnten, wie uns das mit der Schreib- und Lesegeschwindigkeit gelungen ist?

Ich glaube, daß tatsächlich wir es sind, die uns selber Schranken setzen, indem wir fälschlicherweise und über Gebühr Nachdruck legen auf das, *was* der menschlichen Gesellschaft wichtig ist, und das *Wie* kaum in Betracht ziehen. Allzu oft wird übergangen, wie dem einzelnen zu seiner Einmaligkeit zu verhelfen wäre, daß er einmalig werden könnte in seinem Beitrag und seiner Bedeutung sowohl für sich selbst als auch für die Gesellschaft um ihn. Die Gattung Mensch birgt mehr als einen Leonardo da Vinci, und doch tun wir alles, um volles menschliches Vermögen zu einer Seltenheit zu machen. Unsere eigene Generation kann in der Musik, in der Mathematik, in der Elektronik, in den Künsten, den Wissenschaften, in der Technik ihre Einmaligkeit nachweisen. Sie hat bisher nie gebrauchte latente Deduktions- und Induktionsfähigkeiten ans Licht gefördert, überträgt Denkweisen und Erkenntnisformen Rastern gleich von einer geistigen Disziplin auf andere. Ähnliche diskrete Sprünge kommen auch in den athletischen Disziplinen vor. Jede Gehirntätigkeit gedeiht, je vertrauter ihr das Gebiet wird, mit dem sie sich befaßt. Operationsrechnungen, große Systeme, die moderne Genetik, Tensorenrechnung, Kybernetik sind nicht Erweiterungen bekannter Anfänge; sie sind neue Denkformen, von denen sich nachweisen läßt, daß sie aus wissenschaftlicher Ignoranz behindert und verhindert worden waren. Ich hoffe einmal zeigen zu können, daß die Art, wie die Jugend bisher erzogen und geschult worden ist, ein Streben nach dem niedrigsten gemeinsamen Nenner der Gleichartigkeit war. Die Individualität der wenigen Genies innerhalb einer jeden Generation ist nur durch glückliche Zufälle begünstigt worden. Da oder dort fand sich jemand, der sie das Lernen lehrte, – wozu der beste Lehrplan nicht imstande gewesen wäre.

Ich habe mir eine Vorstellung von einem idealen menschlichen Gehirn gemacht und von einer idealen menschlichen Funktion. Ideal heißt, daß es das nicht gibt. Es heißt ferner, daß an jedermann einer oder mehrere Züge sein mögen, die sich mit denen des Ideals annähernd vergleichen lassen. Jedermann mit dem Ideal zu vergleichen, ist ein nützliches Hilfsmittel. Was ist ein ideales Wesen? Ist es eine normale, eine durchschnittliche Person mit einer durchschnittlichen Erbmasse, Geburt, Säuglingszeit, Kindheit und Entwicklung zur Reife? Welche Bedingungen wären nötig, um solch ein Ungetüm zu züchten? Da gerate ich schon gleich zu Anfang in Schwierigkeiten. Hätte es je irgendwo einen idealen Menschen gegeben, dann wäre es nicht so anmaßend, eine ideale Entwicklungsgeschichte entwerfen und durchleuchten zu wollen. Sie läßt sich leichter denken als mit Worten beschreiben. Wenn ich für die Logik im Ausdruck meiner Gedanken nicht einstehen muß, dann steht es mir frei, jeder Struktur und ihrer Funktion ideale Eigenschaften anzudichten. Jede Funktion ist einzeln leichter zu idealisieren. Ein ideales Gedächtnis ist selbstverständlich eines, das ideal bewahrt, ideal erinnert und der absichtlichen Kontrolle vollständig untersteht. Ideale Funktion des Skeletts und seiner Muskulatur gegen die Schwerkraft bedeutet eine ans Schweben grenzende Leichtigkeit jeder beliebigen Bewegung nach jeder Richtung und in jedem Augenblick. Wie Sie sehen, bietet diese Art, sich eine ideale Konstellation zu denken, kaum Schwierigkeiten, da sich der Kopf den Kopf darüber nicht weiter zu zerbrechen braucht.

So läßt sich das Idealbild einer idealen Funktion in einem idealen Menschen entwerfen. Das Verfahren hat seinen Vorteil: Sie können mit einem Blick die Funktion eines wirklichen Menschen mit Ihrer Idealvorstellung vergleichen und so durchaus brauchbare konkrete Informationen erhalten. Ich habe beim Untersuchen von Olympia-Siegern gefunden, daß manche sich beim Springen gegen die Schwerkraft abrackern, als hätte es ein Schweben nie gegeben, während andere leichter und mit weniger Kraftaufwand höher springen und man sich vorstellen könnte, daß sie sich schwerelos fühlen. Vielleicht springen sogar alle gleich hoch; wesentlich ist, wie sie es tun. Einer mag auch nur den zweiten Platz erreichen und dem idealen Schweben doch näher sein als alle anderen.

Wenn ich den gleichen Menschen bei verschiedenen Handlungen beobachte, dann sehe ich etwa, wie er sich niederbeugt, um sich auf den Boden zu setzen; wie er mit jemandem tanzt; wie er aufgefordert wird, eine Rede zu halten, usw. Vielleicht finde ich, daß sein Tanzen meinem Idealbild näher kommt als seine übrigen Handlungen, und dann werde ich mich fragen, wieso er mit dieser bei weitem nicht idealen Haltung so gut tanzen kann. Dann fällt mir auf, daß die Mehrzahl der Paare auf dem Parkett sich hier besser bewegt als bei anderen Handlungen, daß also etwas am Tanzen – nehmen wir an, es werde ein Walzer getanzt – diesen sonst eher schwerfälligen und ungelenken Menschen Leichtigkeit verliehen hat. Die meisten Menschen bewegen sich leichter bei Drehbewegungen um sich selbst als bei anderen Bewegungen. Ohne mein Idealbild wüßte ich nicht, worauf ich achten sollte. Verglichen mit einer idealisierten Funktion, läßt jede Funktion sich in Abstufungen aufteilen; und obwohl dies keine exakte Messung im wissenschaftlichen Sinne ist, ist es für mich noch immer ein geistiges Hilfsmittel von großem Wert. Es hat mich zu leiten vermocht bei meinen Forschungen auf den Gebieten der Neurologie, der Physiologie, der Entwicklungslehre u.a.m., und es hat mir ermöglicht, die einschlägigen Fakten zu finden, die verstreut herumschwimmen in einem Meer von Fakten, an dem es keine Häfen, sondern nur Aussichtspunkte gibt.

Während vieler Jahre habe ich mich, mehr als mit anderem, mit der Idealhaltung des Menschen beschäftigt, so daß ich eine genaue Idee – oder ein genaues Ideal – davon habe, das von der Wissenschaft wie von der Erfahrung aus meiner Praxis bestätigt und erhärtet wird. Ich beginne ein Seminar oft mit einem Experiment, das den Teilnehmern die äußerst komplexe, eigentliche Schönheit der aufrechten Haltung im Menschen sinnfällig macht.

Tausende Menschen sind in die Praxis von *Bewußtheit durch Bewegung* auf die folgende Weise eingeführt worden. Betrachten Sie einmal das Bild. Es zeigt, wie ein Kleinkind in dem Stadium unmittelbar bevor es zu kriechen beginnt – und noch im frühen Kriechstadium – in der Bauchlage den gehobenen Kopf hält.

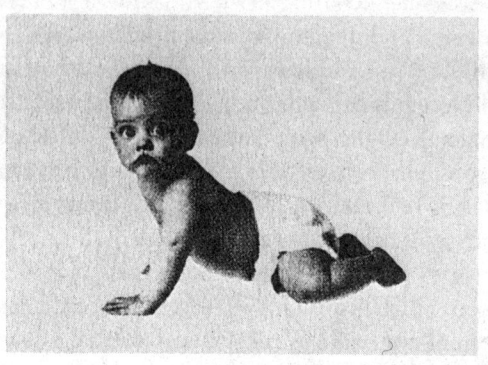

Die reflektorische Kopfhaltung ist hier genau die gleiche wie sie es bei einem idealen Erwachsenen mit Idealkopf sein würde. Der Kopf wird gehoben, bis die Augen auf einer Ebene sind mit dem Horizont, und so frei gehalten, daß er sich nach rechts und links so weich und geschmeidig wenden kann als dies dem menschlichen Nervensystem überhaupt möglich ist. Der übrige Körper ist so gebeugt, daß die Stellung der Halswirbelsäule dem Kopf auf Atlas und Achse (den beiden obersten Wirbeln) die größtmögliche Bewegungsfreiheit gewährt. Wenn ein Kleinkind, lange bevor es ein Jahr alt ist, sich auf den Bauch dreht oder gewendet wird, so orientiert sich sein Kopf wie durch einen unsichtbaren Mechanismus in die gleiche Stellung wie auf dem Bild. Diese Kopfhaltung ist reflektorisch und ermüdet nicht. Sie übertrifft an Ausdauer selbst die eines kräftigen Erwachsenen – wenn er sie überhaupt reproduzieren kann.

Ein Kleinkind mag von Zeit zu Zeit den Kopf senken und dabei den Eindruck erwecken, daß es mit der Nase aufschlagen werde; aber als wäre ein Schalter angedreht worden, richtet der Kopf sich im letzten Augenblick wieder auf.

Beim Erwachsenen reagiert der Kopf auf jede plötzliche Änderung in der Reizung der Telezeptoren mit absichtlichen wie auch mit automatischen Drehbewegungen. In beiden Fällen (oder weswegen immer sonst) wendet der Kopf sich nach rechts oder nach links, um die Quelle der Änderung zu lokalisieren. Der Kopf wird gedreht, bis die Seh-, Hör- und Riechorgane gleichmäßig gereizt werden, und mit der Zeit werden selbst die flüchtigsten Reizänderungen den Kopf der Reizquelle zuwenden. Das Nervensystem hat durch den Reizunterschied in diesen Paarorganen gelernt, den Kopf der Quelle zuzuwenden, wie auch durch die Gleichheit ihrer Reizung, wenn die Dauer der Änderung lang genug ist. Wichtig an der Drehbewegung, die den Kopf der Quelle der Reizänderung zuwendet, ist, daß sie die gesamte Muskulatur organisiert, das Skelett so zu bewegen, daß der Großteil des Körpergewichts von dem Bein getragen wird, nach dessen Seite der Kopf gewendet ist.

Stellen Sie sich vor, daß rechts von Ihnen plötzlich etwas Wichtiges oder Gefährliches passiert, und simulieren Sie die Kopfbewegung, die Sie in solch einem Fall machen würden. Sie werden merken, daß Ihre linke Seite entlastet, d. h. vom Tragen Ihres Gewichts befreit wird, so daß Sie Ihren Körper nach rechts drehen könnten oder es tatsächlich tun. Die rechte Seite hat genügend Tonus, um dem Körper zu erlauben, sich um das rechte Hüftgelenk, Bein oder Fuß oder um alle zusammen zu drehen, so daß Sie gegen die Störung Front machen können. Die ungeheure Nerventätigkeit, die den Tonus der gesamten Muskulatur aus einer Konfiguration in eine andere umverteilt, geschieht im Nu. Sie wird ausgelöst von der asymmetrischen Spannung der Halsmuskeln, die den Kopf kontrollieren. Es ist nötig, auch den Mechanismus der Augenbewegung zu verstehen, wie auch die Auswirkung dessen, daß die Schnecke im Ohr gereizt wird; denn beides hängt mit dem beschriebenen Vorgang zusammen. Aber es führte zu weit, Ihnen hier alle die Einzelheiten zu erläutern. Sie sind zuerst von Magnus beschrieben worden und stehen heute in fast jeder modernen Abhandlung der Physiologie. Die Zuwendung zur Störungsquelle führt schließlich zu einer Drehung des Körpers: man dreht ihn so, als wäre es der Zweck der Bewegung, die Symmetrie in der Kopf- und Augenmuskulatur wiederherzustellen. Organisation und Ausführung dieses Vorgangs sind so ökonomisch, daß im Fall von Gefahr oder lebenswichtigen Interessen die Reaktion blitzschnell erfolgt. Beim Menschen ist die Rotation so stark entwickelt, daß er sich schneller drehen kann als die meisten anderen Tiere: beim Boxen, bei Stierkämpfen, in den japanischen Kampfspielen und ähnlichem mehr kann ein Zusammenprall mit dem anstürmenden Angreifer, kann ein Stoß durch eine bloße Seitwärtsdrehung vermieden werden. Das System ist so gut angelegt und funktioniert meistens so schnell, daß die Selbsterhaltung wie ein Wunder erscheint.

Die Dynamik bewegter fester Körper verlangt, daß die Energie dem Quadrat der Geschwindigkeit proportional sei. Man möchte daher erwarten, daß schnelle Drehbewegungen großen Kraftaufwand erfordern. Aber das ist nicht der Fall, da bei unserer aufrechten Haltung die schweren Partien nahe der Drehachse liegen. Dadurch wird der Kraftaufwand auf ein Minimum reduziert. Zudem ist unser Körper fast ideal zylindrisch, das Rotationsmoment daher so klein als möglich. Bei *Bewußtheit durch Bewegung* werden serienweise auch schnelle Bewegungen geübt, die einem ein förmlich übermütiges Gefühl geben, daß man leichter und schneller sei als man sichs je hätte träumen lassen.

Wenn Sie sich an alle meine Begründungen, Weisungen und Verbote hinsichtlich des Lernens erinnern, dann werden Sie verstehen, warum ich Sie bitte, in den Beispielen, die ich Ihnen jetzt geben werde, nicht vorauszulesen. Sie werden viel mehr davon haben, wenn Sie langsam und Schritt für Schritt vorgehen und so auf Ihre höchst eigene Art zur abschließenden Version gelangen. Dann wird es nicht meine Handlungsweise sein, sondern die Ihre; und so sollte es auch sein.

Setzen Sie sich auf den Boden. Legen Sie die Hände hinter sich und stützen Sie sich darauf mit den Armen, die Ellbogen beinah durchgestreckt. Beugen Sie die Knie so, daß die Fußsohlen vor Ihnen flach auf dem Boden stehen. Neigen Sie die Knie nach rechts, wobei sich Knie und Beine um die Füße als Angeln bewegen. Neigen Sie die Knie dann nach links, dann wieder nach rechts. Während Sie damit fortfahren, die Knie nach links und rechts zu neigen, beachten Sie, daß die Kniebewegung vom Becken ausgeht. Merken Sie, daß dem Neigen der Knie nach rechts ein Steifen des linken Arms vorausgeht, so daß der Druck der linken Hand gegen den Boden den Beginn der Beckenbewegung erleichtert, und daß Sie gleichzeitig den Kopf heben und ein klein wenig zurücklegen. Fahren Sie mit dem Neigen der Knie nach links und rechts fort und achten Sie dabei auf die Veränderung, die der Bewegung jeweils vorausgeht im Rumpf, in der Wirbelsäule, im Kopf, und auf das Maß Ihres Kraftaufwands. Machen Sie diese Bewegungen langsam, und Sie werden sie jedesmal leichter finden, bis Sie sich inne sind, wann genau Sie während der Bewegungsphasen ein- bzw. ausatmen. Kehren Sie das um, d. h.

fangen Sie genau dann an auszuatmen, wo Sie vorher ein-
geatmet hatten, und fahren Sie so fort, bis Sie sich innewerden, welche Version die Neigebewegung der Beine leichter
macht. Ob Ihr Urteil hier falsch oder richtig ist, bleibt vorläufig belanglos. *Wenn nach wenigen Minuten Ihre Aufmerksamkeit und Bewußtheit besser geworden sind, werden Sie auch besser urteilen können, da Ihre Empfindlich-
keit zunehmen wird, indem Sie Ihre Anstrengungen
verringern.* Was ich Ihnen hier vorschlage, kann von
Frauen wie von Männern ausgeführt werden, gleichviel ob
dick oder dünn, jung oder alt, athletisch oder sogar leicht
behindert. Fahren Sie mit dem Knieneigen zwei, drei Minuten lang fort, oder machen Sie ein Dutzend solcher
Bewegungen oder so viele oder so lange als Sie sich dabei
behaglich und wohlfühlen.

Der Unterschied von einem Menschen zum andern wird
dabei sehr klein sein und vor allem in der Anzahl der Wiederholungen liegen, die einer braucht, bis er sich der Rolle
innewird, die der ganze, beachtliche Rest des Körpers spielen muß, um die Absicht leicht ausführbar zu machen.
Worauf es für Sie beim Lernen ankommt, ist das Gewahr-
und Innewerden; während es belanglos ist, welche Bewegung für die Lektion verwendet wird. Aber da wir nun
einmal dabei sind, haben wir eine gewählt, die auch sonst
im Leben von Nutzen ist. Sie werden am Ende spüren, daß
Sie sich als Mensch mit der Leichtigkeit und Behendigkeit
einer Katze bewegen können und um ein mehrfaches
schneller als Sie bisher für Ihre »Norm« gehalten hatten.
Erinnern Sie sich an die Lesegeschwindigkeit und an meine
Behauptung, daß »normal« das potentiell Mögliche sei, das
entstellt und auf »die Norm« beschränkt worden ist? Das
ist so wichtig, daß es lohnt, es zu wiederholen. Abgesehen
von einzelnen Teilen unser selbst, gebraucht jeder nur einen Bruchteil seiner latenten Fähigkeiten. Die Denkge-

wohnheit: man müsse Talent haben oder damit geboren sein, um jemals etwas gut zu können, ist vor allem ein Hindernis: sie verhindert, daß wir frei wählen. Wahr daran ist, daß wir alle, unserer Erbmasse nach, Menschen sind und daß, was andre, und wäre es selbst nur ein einziger, können, alle anderen Menschen ebenfalls tun könnten. Nehmen Sie als Beispiel die Sprache und die dreitausend und mehr verschiedenen Arten zu sprechen. Mundhöhlen, Gebisse, Zungen, Gehirne sind untereinander ebenso verschieden wie es die Fähigkeiten des Menschen sind. Die Bereitschaft, sich – zum Beispiel beim Gebrauch der eigenen oder dem Erlernen fremder Sprachen – für unbegabt zu halten, ist Teil der geistigen Faulheit, welche die Gesundheit der meisten Menschen verdirbt. Ein musikalisches, mathematisches, schauspielerisches oder sonst ein Genie zu sein, d. h. ein Eigenes zu schaffen, das die eigentümliche Handschrift und Prägung seines Schöpfers trägt, bedeutet harte, beharrliche Arbeit. Es ist viel leichter, einer jener Menge zu sein, die von unserer Erziehung möglichst uniform zugeschnitten wird.

Inzwischen werden Sie sich ausgeruht und allerlei gewahrt haben, das Ihnen schon bekannt war oder auch nicht. Setzen Sie sich wieder in die gleiche Stellung, um die Knie nach links und nach rechts umzulegen, spreizen aber diesmal die Füße und Knie etwas mehr, bis für jeweils eine Wade und ihren Fuß Platz genug ist, um zwischen den beiden Knien vor Ihnen auf dem Boden zu liegen. Wenn also beide Knie nach rechts umgelegt sind, kann der rechte Unterschenkel unbehindert zwischen den Knien auf dem Boden liegen und die rechte Fußsohle gegen den linken Oberschenkel gelegt sein, gleich oberhalb des Knies. Das linke Bein und der linke Fuß liegen natürlich ebenfalls auf dem Boden: das ganze linke Bein mit seiner Innen-, das rechte mit seiner Außenseite. Beachten Sie, daß, wenn Sie die gebeugten Beine auf diese Weise umlegen, die Füße dabei wie Scharniere oder Angeln benützt werden, um die sich die Beine bewegen, und daß sie sich von der hierzu geeignetsten Stelle – wenn sie diese während des Hin- und Herneigens und Spreizens der Knie einmal gefunden haben – kaum mehr wegzurühren brauchen. Dieser Gebrauch der Füße als Angeln bleibt wesentlich durchweg und bis in die abschließenden Phasen der Bewegung.

Machen Sie sich mit den Einzelheiten der Vorbereitungen vertraut, die nötig sind, um sich in diese beiden, symmetrischen Stellungen zu bringen, einmal mit den Knien nach links umgelegt und einmal nach rechts. Atmen Sie leicht und frei, d. h. tun Sie nichts, um zu atmen, sondern achten Sie bloß darauf, daß im fließenden Ein-und-Aus der Luft durch die Nase kein Anhalten, kein Ruck, keine Unterbrechung geschehe. Während Sie die Knie nach rechts umlegen: welche Hand brauchen Sie dabei als Stütze nicht? Man kann dann die eine Hand vom Boden wegnehmen, ohne daß dadurch etwas erschwert würde und ohne daß es sich auf die Atmung störend auswirkte. Legen Sie die Knie nach links um, und wieder nach rechts, heben aber diesmal die andere Hand vom Boden weg. So werden Sie sich innewerden und bewußt wissen, was Sie gerade gelesen haben.

Fahren Sie damit fort, die Beine nach links und rechts umzulegen. Heben Sie jeweils die Hand, die Sie als Stütze nicht brauchen, vom Boden weg und führen Sie sie in die gleiche Richtung wie die Knie. Nach und nach werden Sie es zunehmend bequemer finden, das Becken genügend zu heben, um auf den Knien zu stehen. Kehren Sie ins Sitzen zurück, und probieren Sie diese Bewegungen einige Male. Beachten Sie nochmals, wie die Füße dabei als Angeln fungieren, sonst aber bei diesen Bewegungen kaum etwas zu tun haben und am besten sich selbst überlassen bleiben;

aber behalten Sie sie im Sinn und achten Sie darauf, daß sie sich nicht ohne Ihre Absicht verschieben. Der jeweils gehobene Arm wird mit dem Rumpf hinüberbewegt, und Sie können ihn auch ein wenig schwingen, um Rumpf und Becken zu helfen, sich vom Boden zu heben.

Solche Bemerkungen mache ich erst, wenn ich gesehen habe, daß die Schüler das, was ich erst jetzt in Worte fasse, bereits verstanden haben und ausführen. Das gibt dem Schüler das Gefühl, richtig verstanden zu haben, und so wächst mit seiner Bewußtheit auch sein Selbstvertrauen. Bei schriftlichen Anweisungen wie diesen gehn viele Glanzlichter notwendig verloren, da diese Bemerkungen nicht von einem mir sichtbaren Geschehen angeregt, sondern in ihrer Reihenfolge gleichsam nur vom Papier diktiert werden.

Es empfiehlt sich, jederzeit auszuruhen, wenn Sie anfangen müde zu werden, und weiterzumachen, wenn Sie wieder bereit sind. Fangen Sie also mit den gleichen Bewegungen wieder an: wenden Sie sich nach links bis Sie wieder auf den Knien stehen, mit dem rechten Arm nach links vorne geschwungen; die linke Hand ist noch immer auf dem Boden und Sie auf den linken Arm gestützt. Um aus dieser Stellung aufzustehen, würden wir den rechten Fuß vor uns auf den Boden stellen und uns mit einer konzentrierten Anstrengung beider Beine hochheben und aufrichten. Das aber reißt die Bewegung des Körpers ab, macht seine kinetische Energie zunichte und das Aufstehen langsam, umständlich und beschwerlich, – wie wenn man ein bergauffahrendes Auto, nachdem es einen Anlauf genommen hat, während der Steigung bremsen würde: da bleibt dann nichts übrig, als wieder den niedrigsten Gang einzuschalten und zur Steigung neu anzusetzen (Treibstoffverschwendung!) und abzuwarten, bis die kinetische Energie groß genug ist, um einen höheren Gang einzuschalten. Bei der Bewegung, die wir jetzt hier lernen, sind wir uns unseres schlechten Fahrens noch nicht so recht innegeworden. Fangen Sie also von vorne an: legen Sie die Knie nach rechts um, schwingen sie dann nach links hinüber, schwingen diesmal den rechten Arm vor sich und aufwärts nach links und setzen die Beckenbewegung in ihrem spiralförmigen Aufsteigen vom Boden fort, bis das rechte Hüftgelenk genügend gehoben ist (in die Richtung, in die sich der rechte Arm bewegt), um das rechte Knie aufzugraden oder, noch lieber, bis das rechte Knie sich von selbst aufgradet. Ihr rechter Fuß wird auf dem Boden stehen. Da das Becken beide Hüftgelenke trägt, wird auch das linke genügend hochgehen, so daß Sie sich mit Ihrem ganzen Gewicht auf beiden Füßen stehen fühlen. Das Becken bewegt sich also vom Sitzen aus in einer spiralförmigen Bahn nach links aufwärts, und wenn Sie dieser Bahn des Beckens genügend gewahr geworden sind und es nicht anhalten, sondern sich seiner Bewegung folgen lassen, wird es seine Drehung fortsetzen, bis Sie, stehend, mit dem Gesicht in die Richtung gewandt sind, die für Sie im Sitzen hinten war. Fangen Sie wieder von vorne an, bis Sie sich inne sind, wie Sie während der Bewegung von sich Gebrauch machen, wie Sie, der einmal in Gang gekommenen Bewegung nachgebend, sich lenken und leiten. Zu Beginn sind beide Knie nach rechts umgelegt, und Sie schwingen sie nach links … bis Sie mit dem Gesicht nach hinten stehen. Nach und nach wird diese Art aufzustehen zu einer einzigen, leichten, fließenden und völlig mühelosen Bewegung und mit der Zeit so schnell, daß Sie das Gefühl haben könnten, aus dem Sitzen fast unmittelbar ins Stehen gehoben worden zu sein. Wiederholen Sie's weiter, ausgehend vom Sitzen mit nach rechts umgelegten Knien, und denken dabei an die ununterbrochene Bewegung des Beckens; dann werden Arme, Beine, Füße, wird alles sich der Beckenbewegung anpassen und sich mit ihr übereinstimmend organisieren und zwar deshalb, weil der Kopf in der gleichen steigenden Spirale hochgetragen wird und die Augen am Ende der Bewegung auf den Horizont gerichtet sein werden.

Setzen Sie sich wieder auf den Boden und schließen Sie die Augen. Stellen Sie sich mit Ihrem inneren Auge die Bahn des Kopfes und des Beckens vor. Wenn Sie der Bewegung deutlich gewahr sind, dann denken Sie an die Leichtigkeit und Schnelligkeit, mit der Sie in einer einzigen, einfachen, fließenden Bewegung aus dem Sitzen ins Stehen gekommen sind. Diese spür- und sichtbare Einfachheit verdanken Sie der Integration des gesamten Komplexes von Einzelheiten in eine einzige absichtliche Handlung.

Die Knie wie bisher nach rechts umgelegt, wiederholen Sie die Bewegung nochmals, diesmal aber heben Sie, wenn Sie Ihr ganzes Gewicht auf beiden Füßen haben, die linke Hand nur andeutungsweise, d. h. Sie führen die Bewegung nicht zu Ende und werden sich nicht ganz aufrichten. Bleiben Sie in dieser Stellung und stellen Sie sich lediglich vor, wie Sie in die Ausgangsstellung, ins Sitzen, zurückkehren werden, und lassen Sie sich soviel Zeit als Sie brauchen mögen, um der Bahn Ihrer Veränderung im Raum in Ihrer Vorstellung innezuwerden. Die Raumbewußtheit ist ein wesentlicher Aspekt Ihres kinästhetischen Empfindens. Bei gut erlernten absichtlichen Bewegungen gleitet die Aufmerksamkeit so leicht vom inneren Kontakt des Muskelgefühls zum äußeren oder Raumkontakt, daß wir gar nicht merken, daß wir es tun. Die einzelne Handlung ist einfach, selbst wenn sie so kompliziert ist wie diese Beschreibung.

Wahrscheinlich ist Ihnen aufgefallen: wenn man eine Bewegung im Raum umkehrt, so kehrt man auch ihren zeitlichen Ablauf um. Natürlich können wir nicht die Zeit umkehren; aber denken wir einmal an die Bewegung, die wir als letzte gemacht haben: die mit dem rechten Fuß. Es wird also der rechte Fuß sein, der die umgekehrte Bewegung – zurück ins Sitzen – anfängt. Sie waren schnell draufgekommen, daß das Becken zuerst bewegt wird, um den rechten Fuß vom Boden zu heben; bewegen Sie also jetzt das Becken, um ihn vom Boden zu lösen, und führen Sie das Bein mit gebeugtem Knie auf den Boden hinunter an die Stelle, wo es gelegen war, bevor der Schwung des Beckens es gehoben hatte. Gehen Sie den ganzen Vorgang dieser rückläufigen Bewegung in Ihrer Vorstellung durch, und wenn er Ihnen genügend klar geworden ist, dann führen Sie ihn aus, d. h. setzen Sie sich hin.

Legen Sie jetzt die Knie nach links um und, so sitzend, stellen Sie sich vor, daß Sie sie hinüberschwingen und nach rechts ebenso aufstehen werden, wie Sie es nach links schon so viele Male getan haben. Falls Sie der spiralförmigen Aufwärtsbewegung des Beckens nach rechts hinten in Ihrer Vorstellung nicht gewahr werden können, unterbrechen Sie, ruhen Sie sich kurz aus, legen die Knie dann nach rechts um und probieren die ganze Bewegung noch einmal nach der ersten Seite: legen sie also nach links um und stehen wieder mit der einen, fließenden Bewegung auf, die Sie schon kennen; heben dann wieder den rechten Fuß und bewegen ihn, indem Sie das Becken zurück zum Boden lenken, auf den Boden zurück und legen noch im gleichen Schwung die Knie nach rechts um *und stellen sich auf das rechte Knie,* wobei Sie den linken Arm vor- und aufwärts nach rechts schwingen und spüren, wie das Becken in einer Rechtsspirale steigt, um den linken Fuß mit seinem Bein hinüberzunehmen, so daß Fuß und Bein Ihr Gewicht tragen werden. Da das Becken beide Beine mitnimmt, wird sich auch das rechte Bein aufrichten und seinen Teil des Gesamtgewichts auf sich nehmen.

Kehren Sie jetzt diese Bewegung um: heben Sie durch

eine Beckenbewegung das linke Bein und setzen sich auf den Boden, schwingen die Knie nach links hinüber und stehen auf, ohne sich ganz aufzurichten. Bewegen Sie nun das Becken, um den rechten Fuß zurück in die Sitzlage zu führen, schwingen die Knie nach rechts hinüber und stehen mit einer nahtlos fließenden Bewegung auf, wobei das Becken eine einzige, unausgesetzte Spiralbewegung macht: von links oben hinunter und gleich weiter nach rechts hinauf. Auf diese Weise können Sie mit einer einzigen Bewegung im Nu aufstehn, sich setzen, wieder aufstehn und sich wieder setzen. Die Beckenbewegung hört dabei nie auf, denn während Sie sich hinsetzen, dreht es sich schon weiter, um zu seiner Aufwärtsspirale nach der anderen Seite hin die Knie hinüberzuschwingen.

Jetzt können Sie sich die Bilder anschaun. Lesen Sie sie so ähnlich, wie man nach einem Schriftmuster die sogenannte Normalschrift schreiben lernt. Wenn Ihnen die vielfältigen Veränderungen von Bewegung, Druck, Gestalt und Richtung geläufig sind, beginnen Sie Ihre eigene, persönliche Handschrift zu bilden. Sie wird nie ganz wie irgendjemandes Handschrift sein. Sie braucht nur leserlich zu sein, d. h. einem allgemein angenommenen Muster noch ähnlich genug, um Ihre Absichten deutlich und unverkennbar zu machen. Jetzt können Sie zu Ihrer Bewegung zurückkehren und sie auf Ihre Weise katzenartig, fließend, faszinierend spielerisch ausführen. Werden Sie sich der gleitenden Bewegung des Beckens inne: wie es, sich drehend, aus dem Stehen sich ins Sitzen senkt und nach der anderen Seite hin ins Stehen steigt, ohne daß die kontinuierlichen, sich beschleunigenden oder sich verlangsamenden Phasen der Bewegung unterbrochen würden. Dann werden Sie auch bewußt wahrnehmen, daß sich die Glieder optimal organisieren, um der beabsichtigten Bewegung des Beckens zu folgen. Die Bewußtheit, die Sie bei diesem

»Ich bitte Sie, diese Bilder erst anzuschaun, nachdem Sie die Lektion nach den Anweisungen ausgeführt haben, wie sie in diesem Kapitel stehen. Wenn Sie sich bei der Ausführung von vornherein nach den Bildern richten würden, so brächten Sie sich um den größten Teil des Gewinns, den diese Lektion Ihnen bringen kann.«

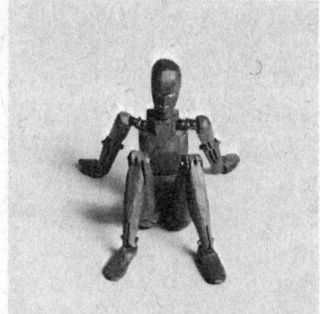

1 *Legen Sie die Hände hinter sich . . . Beugen Sie die Knie . . . Die Fußsohlen flach auf dem Boden.*

4 *Fahren Sie damit fort, die Knie etwas weiter auseinander, damit jeweils beide Knie auf dem Boden liegen können.*

5 *Wenn Sie die Knie umlegen: welche Hand brauchen Sie dann als Stütze nicht? . . . und man kann sie heben, ohne daß etwas schwieriger würde.*

2 *Legen Sie beide Knie nach rechts, um die Füße als Angeln oder Scharniere.*

3 *Legen Sie die Knie nach links um und wieder zurück nach rechts.*

6 *Sie werden es nach und nach bequemer finden, auch das Becken hochgehen zu lassen.*

7 *Setzen Sie die Beckenbewegung in ihrer Aufwärtsspirale nach links fort, bis durch sie das rechte Hüftgelenk so weit gehoben ist, daß das rechte Knie anfängt sich aufzugraden.*

8 Der rechte Fuß wird auf dem Boden stehen.

9 Das Becken wird seine Drehbewegung fortsetzen, bis Sie auf beiden Füßen stehen, das Gesicht ungefähr in die Richtung gewendet, die für Sie im Sitzen »hinten« war.

12 Kehren Sie die Bewegung um: bewegen Sie zuerst das Becken, um den rechten Fuß vom Boden zu lösen.

13 Führen Sie das gebeugte Bein zum Boden hinunter, an die Stelle und in die Lage, wo es im Sitzen war ...

10 *Die gleiche Spiralbewegung hebt auch Rumpf und Oberkörper . . .*

11 *. . . und richtet Sie schließlich auf, wobei sich die Augen dann auf den Horizont einstellen. Damit ist die Aufwärtsbewegung abgeschlossen.*

14 *und kehren Sie auf diese Weise langsam . . .*

15 *ins Sitzen auf den Boden zurück . . .*

16 *legen mit leichtem Schwung die Knie ...*

17 *nach rechts um ...*

20 *sich aufstellen, um Ihr ganzes Gewicht zu tragen. Auch das rechte Bein wird sich aufrichten, um seinen Teil des Gewichts zu übernehmen. Aber richten Sie sich nicht mehr ganz auf, sondern*

21 *kehren Sie ins Sitzen zurück und setzen von da aus die Bewegung – vom Sitzen ins Stehen und wieder ins Sitzen – beliebig lange fort.*

18 kommen, indem Sie den linken Arm vor- und aufwärts schwingen, aufs rechte Knie . . . und indem sich Ihr Bekken in einer spiralenförmigen Bewegung nach rechts aufwärtsdreht und

19 wendet, lassen Sie das linke Bein mitgehen und den linken Fuß

Lernen gewonnen haben, wird sich als grundlegend erweisen und für eine Unzahl anderer Bewegungen einstehen, auch für solche, die Sie früher durch Herumprobieren gelernt und vielleicht nie bis zu der beflügelnden Schnelligkeit und Leichtigkeit verfolgt haben, über die Sie jetzt verfügen. Wenn Sie jede Hast und Eile ausschalten und statt dessen sich darum kümmern, nach und nach aus dem Weg zu räumen, was der Bewegung noch hinderlich ist, so wird die Geschwindigkeit Ihrer Bewegung größer sein als die Ihres Gewichts im freien Fall. Man kann in der Tat das Becken so abwärts werfen, daß es eine Schwungkraft bekommt, die größer ist als jene, die im freien Fall entsteht. Für die Qualität der Ausführung gibt es praktisch keine Grenze, die durch *Bewußtheit durch Bewegung* nicht überschritten werden könnte. Nicht irgendeine bestimmte oder beliebige Bewegung wird verbessert, sondern der Prozeß des Sich-Leitens. Was man im einzelnen dabei erreicht, ist beiläufig, ist bloß Bestätigung – und natürlich Belohnung – für verbessertes Lernen.

Wir wollen jetzt unsere Neugier ohne Ungeduld befriedigen. Setzen Sie sich auf den Boden mit dem rechten Bein nach rechts zurückgebeugt, die Knie wie vorhin so gespreizt, daß der linke Unterschenkel zwischen ihnen liegen kann. Stützen Sie links vom Becken die linke Hand dort auf den Boden, wo sie, Ihrem Gefühl nach, den Körper am bequemsten und besten stützen wird. Heben Sie den rechten Arm mit leicht gebeugtem Ellbogen, um den Unterarm zu heben. Die Hand lassen Sie auf Augenhöhe und in einer bequemen Entfernung vom Gesicht aus dem Handgelenk locker hängen. Den Blick auf die Hand geheftet, lassen Sie Kopf, Rumpf und den rechten Arm zu einem einzigen Stück versteinern, drehen diesen ganzen Steinblock so weit nach links ab als es spielend leicht geht, und bleiben so, ein wenig nach links abgedreht. Lassen Sie sich ruhig atmen, ohne daß viel Bewegung sichtbar würde. Nach einem Weilchen wenden Sie Ihre Augen nach rechts, nur die Augen allein, während alles übrige reglos verharrt. Bewegen Sie die Augen zurück, um sie auf die Hand zu richten, und dann wieder ganz nach rechts, aber ohne mehr Kraft aufzuwenden als für diese einfache Augenbewegung nötig ist. Wiederholen Sie diese Augenbewegung von der Hand hinüber nach rechts und wieder zurück etwa ein dutzendmal. Hören Sie auf, kommen Sie zurück nach vorn in die Ausgangsstellung und ruhen Sie den Arm aus ... Schließen Sie die Augen und nehmen Sie sich vor, sich nicht weiter zu bewegen als es, ohne Kraft zuzugeben, möglich ist. Heben Sie diesmal vor die geschlossenen Augen die Hand, wie vorhin, und drehen Sie sich nach links ab ohne andere Einschränkung als die eine, die Sie sich soeben vorgenommen haben; drehen Sie sich aber nur einmal und so weit wie's eben sein wird, und bleiben Sie dort. Öffnen Sie die Augen. Sie werden sich um einige oder auch um viele Grad weiter nach links gedreht haben als zu Beginn. Bleiben Sie so.

Lassen Sie den Blick auf die Hand geheftet, und drehen Sie nur den Kopf weiter nach links, so leicht als möglich. Wiederholen Sie diese Bewegung ein dutzendmal, die Kopfbewegung allein. Oder tun Sie's, indem Sie zuerst den Kopf mit den Augen weiter nach links wenden, und dann nur die Augen zurück zur Hand. Hören Sie wieder auf, schließen Sie die Augen und kehren Sie nach vorne in die Ausgangsstellung zurück. Nehmen Sie sich vor, mit der Bewegung dort aufzuhören, wo Sie merken, daß Sie, um sie weiterzuführen, an Kraft zugeben müßten. Dann heben Sie die Hand vor die geschlossenen Augen, drehen sich nach links ab, öffnen die Augen und stellen fest, daß Sie sich mühelos um einiges weiter abgedreht haben als vorher. Unterbrechen Sie, um zu überlegen, worin sich das von unseren gewohnten Erfahrungen unterscheidet. Die Richtung der Bewegungen, die Sie hier »geübt« haben, war derjenigen, die wir verbessern wollten, genau entgegengesetzt; und doch sind sie besser geworden. Strecken Sie sich auf den Rücken aus, um auszuruhen. Dabei wird Ihnen zunächst auffallen, daß die linke und die rechte Körperhälfte auf dem Boden verschieden aufliegen, und Sie werden merken, daß durch das, was Sie gerade getan haben, die eine sich geändert hat.

Setzen Sie sich wieder hin wie zuletzt. Drehen Sie sich bequem nach links ab, stützen Sie sich auf die linke Hand und legen Sie sich die rechte auf den Kopf. Helfen Sie sich mit der Hand, den Kopf so zu bewegen, als ob Sie mit dem rechten Ohr die rechte Achsel berühren wollten. Kehren Sie die Bewegung um und neigen Sie das linke Ohr zur linken Achsel. Die Bewegung wird leichter und nimmt an Umfang zu, wenn Sie innewerden, daß das Becken, während Sie das rechte Ohr der rechten Schulter zuneigen, so schaukelt, daß Ihre rechte Körperseite kürzer wird, während sich die Rippen auf der anderen Seite auffächern. Wenn dann die Hand den Kopf in die andere Richtung neigt, bewegen sich das Becken und die beiden Körperseiten dementsprechend umgekehrt. Wenn Sie ein Dutzend solcher Neigebewegungen nach links und rechts gemacht haben, schließen Sie die Augen, kehren in die Ausgangsstellung zurück, heben die rechte Hand vor die geschlossenen Augen, und abermals nach Maßgabe Ihres Gefühls von Leichtigkeit drehen Sie sich wieder so weit ab, als es geht, ohne Kraft zuzugeben. Dort halten Sie an, öffnen die Augen und stellen fest, um wieviel Sie sich noch weiter gedreht haben. Wieso? Wieder haben Sie durch unorthodoxes Lernen eine Verbesserung bewirkt.

Setzen Sie sich wieder in die Ausgangsstellung, drehen sich nach links ab und legen diesmal beide Hände links vor sich auf den Boden. Richten Sie sich so ein, daß Sie auf beide Hände gleichermaßen gestützt sind: sie sollten auf dem Boden etwa so weit voneinander entfernt sein wie Ihre Schultern breit sind. Drehen Sie den Schultergürtel nach links und gleichzeitig das Gesicht, d. h. Kopf und Augen nach rechts, – und umgekehrt. Spüren Sie dabei die Bewegung der rechten Gesäßhälfte und im rechten Hüftgelenk: wie die Bewegung des Schultergürtels dort begonnen wird. Achten Sie auf Ihre Empfindung der Wirbelsäule. Nach einem Dutzend solcher Gegenbewegungen hin und her, kommen Sie wieder in die Ausgangsstellung, heben die rechte Hand vor die geschlossenen Augen und drehen sich beliebig nach links. Öffnen Sie die Augen. Wahrscheinlich haben Sie sich jetzt mit Leichtigkeit so abgedreht, daß Sie direkt nach hinten schauen. Vergleichen Sie das mit dem Umfang Ihrer ersten Drehbewegung. Sie werden jetzt begreifen, daß *Bewußtheit durch Bewegung* ein wirksameres Lernverfahren ist als gewöhnliches, zielgerichtetes Üben und als durch Anstrengung der Willens- und Körperkraft.

Eine Erläuterung dessen, was Sie soeben gemacht haben, ergäbe ein Buch für sich. Um es kurz zu sagen: Sie haben die Kopf- und Augenbewegungen differenziert, d. h. gelernt, sie gegeneinander – in entgegengesetzte Richtungen – zu bewegen. Die meisten Menschen hören mit ihrem neuromuskulär-räumlichen Lernen auf, wenn sie Kopf und Augen zusammen in die gleiche Richtung bewegen können. Ebenso haben Sie hier auch die Becken- gegenüber den Kopf-/Augenbewegungen differenziert.

Setzen Sie sich wieder hin, auf beide Hände hinter sich gestützt. Legen Sie die Knie nach rechts um. Schwingen Sie die Knie nach links hinüber, um leicht und rasch aufzustehen, wobei sich das Becken in der Ihnen schon vertrauten Aufwärtsspirale nach links dreht und hebt; kehren Sie die

Bewegung um und stehen Sie nach rechts hinüber auf. Fahren Sie mit dieser Folge von Stehen – Sitzen – Stehen fort. Sie werden vielleicht schon beim erstenmal merken, daß die Bewegung nach der einen Seite hin glatter, einfacher, leichter, schneller und auch gefälliger ist als nach der anderen. Besteht da ein Zusammenhang mit der Richtung der Bewegung während der vorangegangenen Lektion? Hat Selbst-Lenkung nicht nur einen übertragenen, sondern auch einen wörtlichen Sinn?

Setzen Sie sich wieder hin, die Knie nach rechts, den linken Fuß in der Gegend der linken Hüfte, heben Sie den linken Arm und wiederholen Sie, aber mit einer überaus wichtigen Einschränkung, eine nach der andern die Abdrehbewegungen mit Rumpf, Kopf, Augen, Becken wie vorhin, diesmal natürlich nach rechts; die Einschränkung: Sie nehmen zwar für jede einzelne Bewegung die jeweils erforderliche Ausgangsstellung ein, aber Sie rühren sich nicht: Sie sitzen still und stellen sich vor, daß Sie die Bewegung machen: stellen sich vor, daß Sie sich bewegen, aber bewegen sich nicht wirklich. Sie werden gewahrwerden, wie sich die Muskeln zu dem Schema organisieren, das zur Ausführung der jeweiligen Bewegung nötig ist. Wenn Sie die einzelnen Phasen der Lektion auf diese Weise durchnehmen, so werden Sie nachher überrascht sein, daß Ihre Drehbewegungen nach rechts besser geworden und vielleicht sogar noch besser sind als die nach links. Außerdem wird diese Verbesserung in rund einem Fünftel der Zeit geschehen sein.

Jetzt, da Sie wissen, was *Bewußtheit durch Bewegung* meint, werden Sie die Art begreifen können, wie sie gelehrt und daß durch diese Art Lernen ermöglicht wird. Ich habe einmal Will Schutz – der durch »Encounter« bekannt geworden ist und der als erster mich nach den Vereinigten Staaten eingeladen hatte – gebeten, an einem Interview mit mir für »New Dimensions« teilzunehmen. Hier nun ein paar einschlägige Auszüge aus dem Gespräch:

Will Schutz: Zum Unterschied von Guru-orientierten Methoden würde ich die Ihre als Selbst-orientiert bezeichnen. Als ich einige Ihrer Lektionen machte, drängte sich mir vor allem ein Beispiel auf: die Frage war, wie weit sollte ich im Liegen die Beine spreizen, daß es möglichst bequem war. Sie sagten mir, ich solle sie dicht zusammenbringen und spüren wie sich das anfühlte, und sie dann so lange aus- und zueinander hin und her bewegen, bis ich ihre Lage als richtig empfand. Was immer sich als richtig anfühlte, war richtig und gut. Ich habe eine gründliche Schulung in Arica durchgemacht, das ich als Guru-orientiert ansehe. Oscar Ichazo ist der Guru, und man tut, was er sagt. Dort machten wir das Gleiche, hatten aber der Regel zu gehorchen, daß die Füße um eine Ellenlänge gespreizt zu liegen hatten. Entsprach man der Regel nicht, so kam der Lehrer und sagte: »Das ist falsch, das haben Sie nicht richtig gemacht.« Dort galt als richtig: sich zu erinnern, was einem gesagt worden war, und sich genau daran zu halten.

Moshé Feldenkrais: Ich zwinge nie jemandem meine Ansicht auf. Nie würde ich sagen »so ist es richtig« oder »das ist falsch«. Für mich gibt es nichts Richtiges. Aber wenn Sie etwas tun und Sie wissen nicht, was Sie tun, dann ist es falsch *für Sie.* Wenn Sie aber wissen, was Sie tun, dann ist, was immer Sie tun mögen, richtig für Sie. Wir Menschen haben die eigentümliche Fähigkeit – die anderen Tieren abgeht –, wissen zu können, was wir tun. Dadurch haben wir die Freiheit der Wahl. Nehmen wir an, ich sehe Sie mit gespreizten Beinen stehen und finde die Spreizung falsch. Warum finde ich diese bestimmte Entfernung zwischen Ihren Füßen falsch? Nicht, weil ich meine, daß sie eine bestimmte andere Länge haben sollte, sondern weil ich das

Gefühl habe, daß Sie sich in dieser Stellung nicht wirklich wohlfühlen und nur darum so dastehen, weil Sie sich nie wirklich vorgestellt haben, welche Entfernung zwischen den Füßen nötig ist, um bequem und angenehm dazustehen. Sie kümmern sich gar nicht darum, ob Sie sich wohlfühlen oder nicht. Wären Sie schüchtern oder eine Jungfrau, so würden Sie die Füße beisammen halten, weil das als »anständig« gilt und vorgeschrieben wird. Wären Sie ein extrovertierter Angeber, der sich wichtigmachen und zeigen möchte, wie »frei« er ist, so würden Sie die Beine viel zu weit spreizen. Viel zu weit für wen? Nicht für mich. Ich sage nicht »so ist es richtig«, nicht »das ist falsch«. Ich sage: Wenn Sie wissen, daß Sie die Füße dicht beisammen halten, weil Sie schüchtern sind, und daß Sie sich unbehaglich fühlen, wenn Sie sie weiter auseinanderstellen, dann ist es in Ordnung. Von mir aus gesehn, ist richtig, wenn Sie tun, was Sie möchten.

Ich bin nicht hier, um Ihnen zu sagen, was Sie tun sollen; ich bin hier lediglich, um Ihnen zu zeigen, daß Sie wissen könnten, was Sie tun. Wenn Sie aber nicht wirklich wissen, daß Sie Ihre Füße und Beine so halten; wenn Sie womöglich glauben, daß alle Menschen ihre Beine geschlossen halten sollten; und wenn Sie so gut wie unfähig sind, sie zu öffnen, nicht etwa aus physiologischen oder anatomischen Gründen, sondern weil Sie so ohne Bewußtheit sind, daß Sie gar nicht wissen, daß sie geöffnet werden können: dann ist es falsch.

Will Schutz: Mir fällt aus einer Ihrer Lektionen ein Beispiel ein, durch das Sie uns das gezeigt haben. Wir folgten Ihren Anweisungen, und einer in der Gruppe machte es anders als Sie es gesagt hatten. Statt ihn zurechtzuweisen, haben Sie alle anderen aufgefordert, es so zu machen wie er und dann so, wie wir es zuerst gemacht hatten, und selbst zu entscheiden, welche Version die leichtere und bequemere sei. Das hat uns geholfen, unsere Bewußtheit dessen zu erweitern, was sich tatsächlich besser anfühlt.

Moshé Feldenkrais: Da ist noch mehr daran. Ich habe etwas gesagt, eine Anweisung gegeben, und die Mehrheit hat sie auf eine bestimmte Weise befolgt. Aber da ist einer, der hat die gleichen Wörter ganz anders gedeutet. Nun ist es möglich, daß er ein Idiot ist und das, was ich gesagt habe, gar nicht verstehen kann. Dann wäre alles in Ordnung. Ich aber glaube, daß er kein Idiot, sondern daß er so weit davon entfernt ist, so funktionieren zu können wie ich es mit meiner Anweisung vorgeschlagen habe, daß er sich gar nicht vorstellen kann, daß ich, was ich gesagt, auch wirklich gemeint habe. Nun haben aber die anderen die Anweisung sinngemäß ausgeführt, und so sagte ich zu ihnen: ›Seht einmal wie es dieser macht. Vielleicht hat er recht, vielleicht sollte man es so machen. Könnt ihrs ihm nachmachen?‹ Das konnten sie alle. ›Könnt ihrs wieder so machen wie vorher?‹ Auch das konnten sie alle; er aber konnte es nur auf die eine, seine Weise und nicht wie alle andern. Sie also konnten zwischen zwei Handlungen frei wählen, während er zwanghaft handelte und außerstande war, sich zu ändern. Er wußte nicht, was er tat, und er konnte nicht tun, was er wollte. Diese Technik: die andern ihm und ihn den andern zuschauen zu lassen, machte es ihm leichter, sich selbst zu betrachten. Ich konnte ihm nun sagen: ›Sie haben es auf Ihre Weise gemacht. Vielleicht haben Sie recht. Aber die anderen hier können es so tun wie Sie und sie können es auch anders tun; Sie aber haben keine Wahl, Sie sind ein Computer, während die anderen Menschen sind. Die anderen hier haben ihren freien Willen, sie können wählen; Sie können das nicht. Sehen Sie jetzt einmal den andern zu. Sehen Sie was?‹ Indem er zusah wie die andern ihn nachahmten, merkte er plötzlich, daß er nicht wußte, was er tat. Kaum hatte er das begriffen, machte ers wie die andern.

Zehn Sekunden hatte er zum Lernen gebraucht. Er hatte seine Freiheit der Wahl und seine menschliche Würde wiedererlangt.

Es gibt zweierlei Lernen. Die eine Art ist ein Memorieren: man nimmt z. B. ein Telefonbuch und lernt es auswendig, oder ein Anatomiebuch und lernt die Ansatzstellen jedes einzelnen Muskels. Diese Art Lernen ist unabhängig von Zeit und Erfahrung: Sie können sich dazu entschließen, wann Sie wollen. Aber nehmen wir an, Sie möchten lernen Klavier zu spielen. Jedesmal, wenn Sie zu lernen anfangen, sagen Sie sich: ›Also gut, ich habe als Kind nicht klavierspielen gelernt, und jetzt ist es so schwierig, damit anzufangen, und wozu muß man denn überhaupt Klavier spielen, ich bin Wissenschaftler, ich bin auch Interviewer beim Funk, was soll mir das Klavier? Wenn ich Klaviermusik hören möchte, dann lege ich eine Platte auf.‹ Aber manchen Menschen, wie Yehudi Menuhin oder Vladimir Horowitz, ist Musizieren wichtiger als Ihr Rundfunk und Ihre Wissenschaft. Sie lernen auf eine Art und Weise, die beinahe jenseits ihrer eigenen Wahl liegt. Man kann das Telefonbuch auswendig lernen, wenn man will, und man kann es nicht auswendig lernen, wenn man nicht will, und man kann sich umentschließen, wann man will.

Aber es gibt ein Lernen, bei dem wir überhaupt nichts mitzureden haben. Dieses Lernen liegt in den Naturgesetzen beschlossen, die unser Gehirn und unser Nervensystem und unseren Körper und unsere Muskeln hervorgebracht haben. Diese Gesetze sind ein Teil der Gesetze unseres Weltalls. So genau sind sie und so bestimmt in der zeitlichen Folge, die sie festlegen, daß Sie an der Reihenfolge, in der Sie sie lernen werden, weder durch List noch mit Gewalt etwas ändern können. Sie müssen in dieser Reihenfolge gelernt werden; und wenn einer das nicht tut, so wird er sich nicht zu einem normalen Menschen entwikkeln: er wird ein Krüppel werden oder ein autistisches Kind oder sonstwie anormal. Warum kann man einem Kleinkind, selbst wenn es schon ein Jahr alt ist, nicht beibringen, einen Bleistift zu halten und zu schreiben? Das Kind kann erst schreiben, wenn seine Fähigkeit dazu sich entwickelt hat.

Sie sehen: es gibt eine Art Lernen, die mit Wachstum und Entwicklung einhergeht. Und wenn Sie noch so begabt und klug und selbst wenn Sie ein Genie sind: Sie werden nicht eislaufen, bevor Sie gehen können: das Gehen kommt zuerst. Und wir können nicht gehen, bevor wir kriechen. Lernt einer gehen, bevor er hat kriechen können, so wird er zum Krüppel werden. Wir können nicht sprechen lernen, bevor wir aufrecht sind. Wissen Sie, warum nicht? Im Nervensystem des Menschen tritt in bestimmter Reihenfolge ein Teil nach dem andern in Funktion. Die jeweils schon vorhandenen Funktionen helfen der Entwicklung in jedem Stadium, da ein neuer Teil des Gehirns ans Ruder gelangt und die gesamte Handlungsweise verändert. Diese Art Lernen muß nach ihrem eigenen Tempo vor sich gehen. Wir haben da nichts zu sagen. Da jedoch dieses Lernen unter der Anleitung von anderen Menschen stattfindet, kann es auf eine andere Art geschehen als von der Natur beabsichtigt war.

Meine Art des Lernens, meine Art mit Menschen umzugehen, besteht darin, daß ich für den, der es wünscht, herausfinde, welche Art von Fertigkeit ihm möglich wäre. Man kann lernen, sich anders zu bewegen, anders zu gehen, anders zu stehn; aber viele haben das aufgegeben, weil sie meinen, es sei jetzt zu spät, ihr Entwicklungsprozeß sei abgeschlossen, sie könnten nichts Neues mehr erlernen, sie hätten keine Zeit oder es fehlte ihnen die nötige Fähigkeit. Um gut zu funktionieren, braucht man nicht ins Säuglingsstadium zurückzugehen. Man kann, zu jedem Zeitpunkt seines Lebens, sich umprogrammieren, Sie können das, vorausgesetzt, ich kann Sie überzeugen, daß an Ihrem System nichts endgültig, unabänderlich oder zwangsläufig ist, das ausgenommen, was Sie für endgültig und unabänderlich halten.

Ich behandle keine Patienten. Ich gebe Lektionen, um Menschen zu helfen, über sich zu lernen. Lernen stellt sich ein durch die Erfahrung der Manipulation. Ich heile nicht, ich behandle nicht, ich lehre nicht. Ich erzähle den Leuten Geschichten, weil ich Lernen für das dem Menschen Wichtigste halte. Lernen soll und kann ein angenehmes, ein wunderbares Erlebnis sein. Während der Lektionen sage ich immer wieder: ›So hört doch mal auf. Viele von euch stieren so ernst drein als wolltet ihr etwas unglaublich Schwieriges und noch dazu Unangenehmes tun. Das heißt nur, daß ihr müde seid, und wenn man müde ist, kann man nichts mehr verstehen. Laßt es gut sein und geht einen Kaffee trinken. Oder laßt mich euch eine Geschichte erzählen, damit ich eure Augen leuchten und euch lächeln sehe und damit ihr zuhört und merkt, daß das, was ich sage, euch angeht.‹

Will Schutz: Das ist für mich an dem, was Sie tun, nicht die Hauptsache. Gewiß, Sie reden und sagen diese Dinge; aber das wirklich Große an Ihrer Arbeit ist für mich das, was Sie mit Ihren Händen tun. Einer solchen Feldenkrais-Lektion zuzuschauen, bedeutet für mich beinahe eine Meditation. Es ist sehr still und ruhig und hochempfindlich, und was dabei geschieht, kommt von den Händen. Da gehen Mitteilungen vom Körper zum Gehirn, eine wortlose Kommunikation durch die Hände. Die Worte kommen meistens erst später.

Alle Säugetiere, auch der Mensch, haben Skelettmuskeln, die ohne Sinne sinnlos wären, insbesondre ohne den wichtigsten, den kinästhetischen oder Bewegungssinn. Ohne das autonome und das Zentralnervensystem ist dieses ganze, hochkomplexe Gebilde sinnlos. Um zu handeln, um sich zu bewegen, um zu fühlen, um zu denken, um irgendetwas zu tun (auch um zu sprechen), müssen alle diese Strukturen funktionieren. Jede der hier aufgezählten Tätigkeiten erfordert Lernen, damit jeder der Sinne fähig sei, auf viele verschiedene Weisen zu funktionieren, wenn wir leben und uns entfalten sollen und glücklicher werden, indem wir an Klugheit zunehmen. Sinnesempfindung, Fühlen, Denken, Bewegung, jedes Agieren und Reagieren sind untereinander so verknüpft, daß keines ohne die anderen möglich ist.

Um angemessen und schnell zu handeln, brauchen wir Gewohnheiten. Aber blind angewandt oder als wären sie Naturgesetze und daher unabänderlich, sind Gewohnheiten nichts als festgefahrene, fortgesetzte und mit unserer Zustimmung bekräftigte Ignoranz. Die Vielfalt möglicher Alternativen in unserem Arsenal von Mitteln, Funktionen und Strukturen ist überwältigend. Und doch sind alle unglücklichen Dulder »so geschaffen wie sie sind«, nämlich wie ihre Gewohnheiten. Diese sind es, die sie blind machen für die schier unglaubliche Auswahl an Alternativen, die ihnen zur Verfügung stehen. Weil Gewohnheiten nützlich und in ihrem Gebrauch so ökonomisch sein können, ziehen wir es vor, sie nicht zu ändern.

Eine große Vielfalt an »Gewohnheiten« steht jedem von uns zur Verfügung. Sie können manche an Sonntagen verwenden, andere über die Wochentage verteilen, einige verwenden Sie, wenn Sie auf den Beinen sind, andere wieder im Bett, und für jede Gelegenheit und Angelegenheit können Sie eine andere wählen. Es ist nicht so leicht, sich selbst zu helfen, wie es scheinen mag, aber auch nicht so schwierig, wie man leicht meint. Wenden Sie sich nötigenfalls an Menschen, die sichs zum Beruf gemacht haben, anderen bei den Schwierigkeiten zu helfen, welche sie nicht allein durchschauen können.

Funktionale Integration

Funktionale Integration wendet sich an die ältesten Teile un-
seres sensoriellen Systems: die auf Berührung reagieren, auf
die Empfindungen von Zug und Druck, auf die Wärme der
Hand und ihre Streichelbewegung. Die im wörtlichen Sinn
be-handelte Person spürt zunehmend den sich verringernden
Muskeltonus, das Tieferwerden ihres Atmens und seine Regel-
mäßigkeit, Wohlbehagen im Unterleib, den besseren Kreis-
lauf in der sich weitenden Haut, und sie wird von diesem
Empfinden eingenommen. Sie empfindet ihre primitivsten,
d. h. entwicklungsgeschichtlich ursprünglichen, vom Be-
wußtsein vergessenen Verhaltensschemata und erinnert sich
des Wohlgefühls eines heranwachsenden kleinen Kindes.

Vielleicht erinnern Sie sich der Geschichten, die ich nicht
zu Ende erzählt habe: von dem Jungen, der mit dem rechten Arm voran auf die Welt gekommen ist; von der Frau,
die fünf oder sechs Spezialisten aufgesucht und danach
noch immer Schmerzen hatte; usw. Fallbeschreibungen äh-
neln Inventaren. Aber wozu dient ein Inventar, wenn es
sich um Menschen handelt? Wenn ich mein eigenes Inventar anlegte, ohne deswegen meine Selbstbiographie zu
schreiben, sondern nur meine heutigen Beschwerden auf-
zählte: Sie würden darin kaum einen Hinweis finden, wie
Sie mitwirken könnten, um mein Leben zu verbessern.
Könnten Sie meinen verletzten Knien helfen? Könnten Sie
mir dazu verhelfen, daß ich wieder so einwandfrei sehe wie
früher? Wie könnten Sie tun, was mir nicht gelingt, obwohl
ich überall, auf der ganzen Welt, hervorragende Spezialisten aufgesucht habe?

Nehmen wir einen konkreten Fall. Ein bekannter Geiger wird angeschossen. Der geschossen hat, hat es getan, weil er nicht wollte, daß Sie und ich vergessen, daß er, der Besitzer des Revolvers, sich frustriert fühlt. Ein Orthopäde und ein Neurochirurg flicken den zertrümmerten Arm des Geigers so gut sie es können. Die Wunden verheilen, und es ist Zeit, ein Inventar des Schadens aufzunehmen. Das Urteil lautet: Physiotherapie könne dem Geiger dazu verhelfen, den Ellbogen zu beugen und den Arm zu strecken, aber das Geigenspiel möge er sich aus dem Kopf schlagen, und je früher er sich einen neuen Beruf suche und finde, desto besser. Vielleicht hat die Verletzung den Medianusnerv durchtrennt und die Restgewebe haben Narben gebildet, die das Strecken des Arms und erst recht Bewegungen des Handgelenks und der Finger endgültig verunmöglichen, wenn nicht ein Wunder geschieht.

Was ich hier vorhabe, ist nicht: die Vorzüge der *Funktionalen Integration* anzupreisen im Vergleich zu den meisten – wo nicht allen – anderen therapeutischen Methoden, die auf der Welt angewendet werden. Ich möchte Ihnen vielmehr zeigen, daß es eine Methode gibt, von uns selbst Gebrauch zu machen, die weit hinausreicht über jene, die dadurch entstanden sind, daß wir die Welt durch unseren gewohnheitsmäßigen Raster des Kausalschemas sehen. Die Alternative ist zweckdienlich und bietet oft den leichteren Weg, mit unseren Aufgaben und Problemen fertig zu werden. Ich bin der Ansicht, daß es sehr oft bessere Denkweisen gibt, die neue Ausblicke ermöglichen, Undenkbares wirklich werden lassen und uns das Unmögliche in den Griff geben.

Betrachten wir einmal näher, wie aus einem Kind ein Geiger wird. Bei seiner Geburt kann niemand für die Zukunft des Neugeborenen einstehen. Wir wissen aus vielfacher Beobachtung, daß das Kind in der Regel wächst und während seines ersten Lebensjahres allerlei Dinge tut, die Erwachsene nicht tun, und wir sehen diese Tätigkeiten als Vorbereitung fürs Erwachsensein. Das Seltsame daran ist, daß diese Art Tätigkeit tatsächlich irgendeine Art von Erwachsenem zum Ergebnis haben wird. Während der ersten zwei Jahre scheinen diese Vorbereitungen für die künftigen, später so verschiedenen Entwicklungen sehr ähnlich zu sein. Die Knochen des Kindes wachsen, die Muskeln halten mit dem Skelettwachstum Schritt, und das Wachstum wird von zahlreichen Faktoren aus der Umgebung merklich beeinflußt. Es wird im Raum gekrochen, und die zeitliche Abstimmung der Bewegungen ist zwingend und knapp. Man kann nicht kriechen, indem man die Glieder wie zufällig auf gut Glück hebt und bewegt. Nun werden aber die Organisierung des Körpers in der Zeit und seine räumlichen Konfigurationen vom Schwerefeld diktiert, das auf diesen wie auf jeden festen Körper einwirkt. Mit anderen Worten: das Wachstum der Muskeln und des Skeletts ist nicht einfach irgendein Wachstum, sondern ein ganz spezifisches. Durch Vertrautheit und Geläufigkeit paßt es sich der ständigen Bewegung des kleinen Körpers im Schwerefeld an, dessen Einfluß so selbstverständlich ist, daß man ihn fast außer Acht lassen könnte. Alles, was wir sehen, sind Konfigurationen, die uns wohlbekannt sind, da sie den Erfordernissen des Gleichgewichts, der Stabilität und der Beweglichkeit entsprechen, die auch wir auf die gleiche Weise einmal kennengelernt haben, ohne deswegen je an die Schwerkraft zu denken.

Es geschehen noch viele andere Dinge, die wir, weil sie uns geläufig sind, übersehen. Das Kind ißt auch ganz anders als es gesaugt hat; es spricht Silben und Wörter aus; es ergreift alle möglichen Gegenstände und geht mit größerem oder geringerem Geschick damit um. Das alles tun freilich nicht nur die Knochen allein: sie werden von den Muskeln bewegt, und die Muskeln brauchen Knochen zum Bewegen. Es ist ferner klar, daß zwischen Skelett und Muskeln einerseits und andererseits dem, was außerhalb des Körpers liegt, das Nervensystem die Brücke schlägt: zum Schwerefeld hin, zum Raum, zur Zeit und zur gesellschaftlichen Umwelt, ohne die es keine Gegenstände zum Greifen und keine Wörter zum Hören und Sprechen gäbe. Kurz, die Umgebung, das sind Sie und ich, auch das Geschlecht spielt bereits eine Rolle dabei, sowie Gegenstände, Raum, Zeit, Schwerkraft und Kultur.

Wir haben unseren Geiger fast vergessen. Auch er war einmal Säugling und Kind. Seine Knochen und Muskeln wären ganz anders gewachsen, wenn er kein Nervensystem gehabt hätte, das zwischen ihm und der ihn umgebenden Welt vermittelte. Die Umgebung, zusammengesetzt aus den vielerlei Teilen und Aspekten, die ich aufgezählt habe, wird vom Nervensystem durch die Sinne wahrgenommen. Es wird den Körper leiten und lenken, ihn organisieren, anpassen und einstellen, auf die Dinge seiner Umgebung zu reagieren. Die Hände, die Füße, der ganze Körper werden sich auf die Umgebung abstimmen durch das Nervensystem, das seinerseits wissen wird, ob eine Veränderung durch eine Handlung jeweils zufällig entstanden ist oder erwartungsgemäß, sowohl im Körper als auch draußen.

Auf solche umständliche Art haben die Finger durch fortgesetzte Berührung mit Bogen und Saiten gelernt, Geräusche zu erzeugen, welche das Nervensystem als angenehm oder als unerträglich empfand. Die unaufhörliche Aktivität dieses Systems ist darauf gerichtet, sich durch unsere Muskeln und unser Skelett in einer Umgebung zu bewegen, die dadurch zu einem Teil unserer selbst wird. Diese Umgebung wird uns so erscheinen, wie wir sie durch unsere Tätigkeit wahrnehmen. Sie wird daher ein Spiegelbild dessen sein, was unser Nervensystem braucht, um

weiterhin sich zu bewegen, zu handeln und auf die Veränderungen zu reagieren, die in einer beweglichen und sich
verändernden Umgebung geschehen.

Daß wir unsere Augen und Hände zu dem hin richten,
was um uns ist, gehört zu den ersten Dingen, die wir lernen
und tun. Was sonst könnten wir denn tun? Daher ist Richtung wahrscheinlich der primäre, grundlegende Gedanke,
die Grundbewegung aller. Wohin gehen Sie? Wann gehen
Sie? Wo kein *wo* ist, hat *wann* keinen Sinn. Grundlage
unserer Orientierung ist rechts und links, also die Drehung
um uns selbst. Sich ausrichten, in eine Richtung zeigen: das
bleibt auch bei Geistesgestörten erhalten; ohne das könnten sie sich überhaupt nicht bewegen. Und tierisches Leben
ohne Bewegung ist – nun, was ist es?

Etwas, das sich uns entzog, liegt jetzt offen vor uns da.
Unser Geiger hat sich eine Fertigkeit erworben, seine Finger auf einem äußeren Gegenstand mit einer Geschicklichkeit zu bewegen, die es ihm ermöglicht, unausgesetzt zu
hören und zu beurteilen, während seine Finger und Hände
in Bewegungsabläufen gelenkt werden, welche das Nervensystem durch den Gebrauch eines Gegenstandes aus der
Umgebung, nämlich der Geige, gebildet hat. Um Geiger zu
werden, ist die Umgebung ebenso nötig (man kanns nicht
ohne sie) wie das Nervensystem (ohne das keine Bewegung, kein Hören, keine Wahrnehmung des eigenen Körpers möglich ist) und wie der Körper (kein Geigenspiel
ohne Finger, Hände, Sitzen oder Stehen). Wenn wir noch
den Ort hinzufügen, wo er spielt, die Richtung, in die er
gewendet ist, für wen er spielt und wozu sein Spiel dient,
dann können wir anfangen zu verstehen, worum es bei
Funktionaler Integration geht.

Zum Glück gibt es Neurologen und Chirurgen, die etwas von dem Schaden an seinem Arm repariert haben.
Ebenso gibt es Psychiater und Psychologen, die helfen

können, wenn für einen Geiger ein Berufswechsel unumgänglich wird. Aber dem Geiger die Möglichkeit wieder zu geben, daß er spielen kann, das vermag einzig *Funktionale Integration* (und ich, meine Assistenten und Schüler haben vielen geholfen). Und ob Sie es glauben oder nicht: wenn dies gelingt, dann wird er ein besserer Geiger sein als vorher. Er wird auch klarer erkennen, was er mit seinem guten Arm macht, und daher eher das tun können, was er möchte, und so wie er es möchte. Ihm wird ein höheres Niveau des Tuns erreichbar sein.

Auch Kompliziertes läßt sich verstehen, wenn man es Stück für Stück vornimmt. Wir wollen daher zuerst im einzelnen untersuchen, wie wir handeln und uns bewegen und wie wir uns allgemein leiten, lenken und regieren. Das wird es Ihnen ermöglichen, mir bei der *Funktionalen Integration* zu folgen und zu begreifen, warum ich mir erlauben kann, mit solcher Autorität über Dinge zu sprechen, die weder einfach, noch intuitiv, noch a priori bekannt sind.

Tierisches Leben besteht aus Organismen, die so strukturiert sind, daß die Funktionen der Fortpflanzung, des Selbstunterhalts, des Selbstschutzes (Selbsterhaltung) und der Selbstleitung gegeben sind. Das ist, was »tierisches Leben« für uns bedeutet. Die ersten drei dieser Strukturen hat es wahrscheinlich schon lange gegeben, bevor tierisches Leben im eigentlichen Sinn überhaupt auftrat. Man kann ähnliche Funktionen bei sehr großen und schweren Molekülen erkennen. Aber der Begriff der Selbstleitung hat nur dann einen Sinn, wenn er auf ein Individuum angewandt wird, d. h. auf ein Wesen, das eine Membran, eine Haut, eine Hülle oder Grenze hat, die es von der übrigen Welt trennt. Wenn solch eine Abgrenzung sich einmal gebildet hat, hat sich ein Wesen individualisiert. Es mag ein primitives oder ein komplexes Wesen sein. Eine solche Trennung erfordert sofort, daß irgendeine Art von Verkehr, von Aus-

tausch stattfinde oder von dem individuellen Wesen be-
werkstelligt werde zwischen diesem Wesen und der Welt,
die es umgibt.

Die Grenze wird für gewisse Stoffe durchlässig sein, die
von außen in das Individuum hereinkommen müssen, und
andere als Ausscheidung hinauslassen. Dieser Austausch
oder Stoffwechsel ist so eingerichtet, daß durch ihn die Le-
bensfähigkeit des Wesens eine Zeitlang vermehrt wird, bis
es zu leben aufhört und wieder in seiner Umwelt aufgeht,
wodurch die Grenze aufgehoben, die Membran, das Individuum aufgelöst werden. Wenn kein Selbst oder Individuum da ist, für das »Selbstleitung« Bedeutung hat, verliert
der Begriff seinen Sinn.

Für Menschen scheint Selbstleitung mit unserer Vorstellung von uns als aufrechten Wesen verbunden zu sein. Für
einen Erwachsenen ist die elementarste Form der Selbstleitung die nach links oder nach rechts, d. h. die Drehbewegung um die Wirbelsäule als senkrechte Achse. Die erste
Bewegung, die wir beim Kleinkind beobachten, wenn es
noch liegt, ist, daß es sich uns zuwendet, um unser Lächeln
zu sehen oder zu erwidern. Mit anderen Worten: es lernt,
sich nach Bedarf oder Wunsch nach links und rechts zu
drehen. Sicher geht in ihm etwas anderes vor als wir ihm
zuschreiben. Unsere Begriffe sind von unserem Bezugssystem abgeleitet und verändern das, was geschieht, um es
unserer Denkweise anzupassen. Darin aber sind wir uns
einig: daß zwischen der Aktivität des Kleinkindes und dem,
was es als erwachsener Mensch mit sich tun wird, ein le-
benswichtiger Zusammenhang besteht. Die Kontinuität
zwischen den beiden Situationen betrifft das Nervensystem, den Körper, der es enthält, die Umgebung, in der er
sich bewegen wird.

Offenbar wächst und entwickelt sich da etwas im Stoff
des betreffenden Wesens wie auch in seiner Funktions-

weise. Die Rechts- und Linksdrehungen des Erwachsenen – und ihn betrachten wir immer wieder, während er zu einem wird – sind viel komplexer als wir meinen möchten. Augen, Kopf und Ohren, das linke und das rechte Bein, die Muskeln, die Gelenke, die Fußsohlen, die mit dem Boden, der sie trägt, in Berührung sind: sie alle leiten dem Nervensystem Informationen zu über die äußere Lage, die Situation in der Umwelt. Dies alles zusammen mit der Konfiguration des Selbst wirkt dahin, daß die Drehbewegung ausgeführt wird ohne das Aufrechtstehen im Schwerefeld zu gefährden und ohne die Kontinuität der Selbstleitung zu unterbrechen. Ich habe das so einfach beschrieben als ich es in Worte fassen kann. Alles, was Erwachsene tun, kann ich ebensogut wie Sie, der Sie vielleicht nicht wissen, was ich gesagt habe, oder auch viel mehr darüber wissen als ich.

Vom Standpunkt der *Funktionalen Integration* aus ist es wichtig zu verstehen, daß Drehbewegungen um die senkrechte Achse eine Handlung oder Funktion sind, die eine Selbstleitung voraussetzt, wie sie nur für ein lebendes Tier in seiner Umgebung sinnvoll ist, und daß dieses Sich-Drehen es dem Tier ermöglicht, alle vier Selbst-Tätigkeiten auszuführen, sei's der Notwendigkeit gemäß, sei's erkundender- oder probeweise, oder um sie zu lernen, oder einfach um ihrer selbst willen. Falls Sie nicht überzeugt sind, daß dem so ist, dann bedenken Sie den Zufall, die Tatsache, die Absicht oder den Zweck, die darin liegen, daß alle die »Instrumente«, die unseren Sinnen dienen, bzw. sie mit der ferneren Außenwelt verbinden, im Kopf angebracht sind: Sehen, Hören, Riechen sind Richtsinne. Um eine Richtung und eine Entfernung zu bestimmen, bedarf es zweier gleicher Instrumente, die durch einen Abstand voneinander getrennt sind. Unsere Telezeptoren oder »Fernempfänger« sind die Sensoren und Beweger des Selbst, sie orientieren den Kopf in eine Richtung. Die Richtung ist, wo der Kopf sich in dem Moment zu drehen aufhört, da das linke und das rechte Paarorgan, von demselben Reiz gleichermaßen gereizt, gleiche Signale aus- oder, genauer, einsenden. In solchen Augenblicken schauen wir zur Quelle der Veränderung, die wir gesehen haben, horchen auf die Quelle des Geräuschs, das wir gehört haben und das uns bewegt hat, oder wittern den Geruch, der uns neugierig gemacht hat. Unser Kopf dreht sich auf genau diese Weise und genau so weit. Wie weiß der Kopf – oder wie wissen wir –, daß wir uns so genau einstellen? Und wenn wir den Kopf einer Provokation aus der Umwelt dergestalt zuwenden, gewahren wir überdies, daß das Skelett, die Muskeln und unser ganzes Wesen auf der Seite, nach der wir den Kopf gewendet haben, einen kräftigen Tonus aufweisen, während die andere Seite sich in ihren Gelenken beugt. Unser Gewicht ist auf die starke, tonifizierte Seite verlagert, und wir drehen uns, bis der Kopf wieder in der Mitte und die asymmetrische Tätigkeit der Muskeln, die den Kopf drehen, aufgehoben ist. Unsere Selbstleitung ist jetzt frei, eine Bewegung in jede beliebige Richtung einzuleiten, sei's nach Gutdünken und Belieben, sei's auf eine neue Provokation hin. Bedenken Sie, daß auch der Mund uns mit der Umwelt verbindet, auch er über das hinaus, was wir berühren können. Auch der Mund ist ein Richtorgan, wenn auch nicht so sinnfällig wie die Telezeptoren. Es läßt sich schwer vorstellen, daß solch eine Beteiligung des gesamten Organismus, einschließlich alles dessen, was im Schädel enthalten ist, sowie aller Muskeln und des Skeletts, ohne Lernen möglich sein könnte. Wenn der liegende Säugling auf die Bemühungen der Mutter hin, ihm eine Reaktion zu entlocken, die sie dessen versichern soll, daß das Kind seine Mutter erkennt, ihr das Gesicht zuwendet, so steht dieses Kopfdrehn des Säuglings am Anfang eines langen Lern- und Entwicklungsprozesses, der schließlich jene ans Wunder grenzenden Ergebnisse zeitigen wird, die ich soeben beschrieben habe. Mag sein, daß dies alles mir wichtiger ist als Ihnen. Ich habe schon erwähnt, wie sehr ich diejenigen bewundere, die darüber geforscht und uns ihre Entdeckungen mitgeteilt haben; und ich habe Ihnen auch schon gesagt, daß mein eigener Beitrag zu den Arbeiten dieser meiner Lehrer etwas ist, das es uns ermöglicht, ihre Entdeckungen hier und jetzt anzuwenden, um unser Leben zu verbessern und zu erleichtern.

Rudolf Magnus, von der Universität Utrecht, hat uns mit unserem tonischen Richtreflex bekannt gemacht. Die *Funktionale Integration* macht von seinen Arbeiten einen Gebrauch, der sein Herz erfreuen würde. Wie das? Es geht um folgendes: Beim Erlernen der Drehbewegung nach links und nach rechts um die Senkrechte im Aufrechtstehen hängt alles vom Eintreffen von Impulsen ab, die vom Nervensystem in solchen Kombinationen oder »Sätzen« ausgesendet werden, daß all die verwickelten Bewegungen ausgeführt werden können. Nehmen wir einmal an, es sei etwas schiefgegangen, z. B. durch eine Gehirnlähmung, deretwegen Übung und Wachstum nicht zu den sonst üblichen, einfachen absichtlichen Handlungen führen, oder eine Verletzung habe eine ähnliche Schwierigkeit verursacht. Wir haben bereits gesehen, daß qualifizierte Spezialisten, Mediziner, den Arm unseres Geigers behandelt und ihm geholfen haben. Das eigentliche Problem aber war: Wie könnte er dahin gelangen, seine Geige mit der gewünschten hohen Fertigkeit zu spielen, nämlich über das grundlegende Heilen der Armverletzung und der Hand hinaus, das heißt: besser als bevor er verletzt worden war? Wie können wir Impulse vom Nervensystem aus dazu bringen, daß sie in ihren Zielmuskeln auf die richtige Art und mit der richtigen Stärke eintreffen?

In all diesen Beispielen sind sensorielle Reaktion und

absichtliche motorische Aktivität miteinander im Nervensystem verbunden, einerseits durch die Umgebung, die Umwelt, andererseits durch die Muskeln und das Skelett. Jede Unterbrechung der Kontinuität dieser Schleife wird das Funktionieren stören oder verunmöglichen. In frühester Kindheit sind der Kreis Umwelt – Sinnesempfindung – Nervensystem – motorische Tätigkeit – Umwelt und die Rückmeldungen aus ihm im Prinzip intakt. Dennoch kann das Kleinkind nicht Geige spielen. Einer der Gründe dafür ist, daß weder die Impulse, noch die motorische Aktivität genügend differenziert sind. Die Reaktionen und die absichtlichen Handlungen sind nicht abgestuft, sondern global. Alle Glieder, Hände wie Beine, bewegen sich zusammen und können keine feiner gelenkte, differenzierte Handlung bilden. Später, wenn durch Wachstum und Funktionieren für individuelle Impulse allmählich spezifischere Übergänge in den Synapsen gebildet werden, wird eine größere Anzahl Bewegungsweisen möglich sein. Die Finger werden dann einzeln bewegt werden; Unterschiede in Geschwindigkeit und Intensität können dann sogar in einzelnen Teilen der Finger erzeugt werden. Dieses Unterscheiden zwischen ähnlichen, aber doch um ein weniges verschiedenen Bewegungen ist es, was mit der Differenzierung gemeint ist, von der wir gesprochen haben. Nach und nach leiten die Synapsen eine größere Anzahl von Impulsen weiter, jeden zu einem anderen Ziel hin, bis das Kind beginnen kann, sich im Schreiben zu üben, im Geigenspiel oder worin auch immer.

Es geht darum, hier die vielfache Tätigkeit des Nervensystems zu verstehen. Es empfindet seinen eigenen Körper und die Gegenstände in der Umgebung und ist neugierig, dies zu tun. Es wiederholt Handlungen, auch wenn sie mißlungen waren, und dank Fehlern und den daraus folgenden kleinen Anpassungen bildet es langsam die Bahnen durch die Synapsen zum Schreiben und Geigenspielen. Lernen findet dann statt, wenn das Nervensystem seine erkundende und erforschende Tätigkeit an einem Gegenstand in der Umgebung so lange wiederholt, bis sie erfolgreich ist, d. h. bis sie seiner Intention befriedigend entspricht. Es gibt daher eine kontinuierliche Wechselwirkung zwischen den Sinnes- und den motorischen Aktivitäten, die praktisch niemals voneinander unabhängig sind. Bei verletzungsbedingter Hemiplegie kann ich oft die genaue Stelle an der Wirbelsäule zeigen, wo die gelähmte Person ihre rechte mit der linken Seite verwechselt (und umgekehrt). Die Unfähigkeit, seine Glieder zu bewegen, ist nicht nur ein motorisches Versagen, sondern auch eine sensorielle Störung. Selbst wenn die Muskeln funktionieren könnten, würde die Absicht, das rechte Glied zu bewegen, sich so anfühlen als beabsichtigte man eine Bewegung des linken Glieds. Beim Behandeln einer Gehirnlähmung oder bei der Wiederherstellung eines Geigers, der durch Verletzung seine Fähigkeit zu spielen verloren hat, ist es leicht, der rationalen Grundlage und Verfahrensweise der *Funktionalen Integration* zu folgen.

Kehren wir zu der kleinen zerebralgelähmten Pariserin zurück, die Sie schon kennen. Ihre Hände sind unaufhörlich in Bewegung. Da ihre Fersen den Boden nicht berühren, schlagen ihre Knie aneinander. Und sie geht auf Zehenspitzen, mit den Füßen übermäßig einwärtsgedreht. Der Bewegungsumfang in den Hüftgelenken ist eingeschränkt, die Lendenwirbelsäule steif und unnachgiebig. Sie erinnern sich: es ist ein sehr aufgewecktes Mädchen. Wäre es das nicht – wie das leider oft der Fall ist –, so brauchte es viel mehr Zeit. Manchmal ist es eine undankbare Aufgabe, und man erreicht nur eine Erleichterung, die allmählich wieder verschwinden wird, wenn das Kind über längere Zeit ohne Behandlung bleibt. Oft versuchen Chirurgen zu helfen, indem sie die Achillessehnen verlängern, damit sich die Füße in den Fußknöcheln etwas leichter beugen und so die Fersen den Boden erreichen können. Ich habe zwei Kinder gesehen, an denen diese Operation dreimal vorgenommen worden war: zuerst im Alter von vier Jahren, dann mit acht und noch einmal mit zwölf. Selbstverständlich war auch der Chirurg selbst der Meinung, daß die ersten beiden Operationen nicht viel genützt hatten. Manchmal verlängert man dann operativ die Adduktoren, das sind die Muskeln, mittels derer wir die Knie zusammenpressen. Diese Operation wird dem Kind natürlich helfen, irgendwie auf eine bessere Art zu stehen, meistens mit Beinschienen. Auf meine Einwände gegen den Entschluß, diese Operation durchzuführen, antwortet man mir meistens: »Was sonst kann man denn tun? So wird wenigstens etwas getan, damit das Kind besser stehen und leichter herumwatscheln kann.« Das ist zwar ein triftiger Grund, der aber auch erkennen läßt, daß an eine alternative Möglichkeit nie gedacht wird. Ausgangspunkt dieser Denkweise ist, daß das Gehirn des Kindes durch Sauerstoffmangel (Anoxie) während der Entbindung Schaden genommen hat, und manche meinen, derlei geschehe, wenn ein Kind schon vor der Geburt schwach ist. Und es scheint ja nur vernünftig, anzunehmen, daß eine Verletzung, ein Schaden geflickt werden könne, indem man die offenkundigen Fehlfunktionen durch so viele Operationen behebt als Schäden vorhanden sind.

Funktionale Integration geht das Problem von einer anderen und völlig neuen Seite an. Um einmal gehen zu können, muß das durchschnittliche Kleinkind sich bewegen, während es wächst. In jedem Stadium ihres Wachstums machen Kleinkinder andere Bewegungen. Am Ende haben diese Bewegungen zum Gehen, Stehen, usw. geführt, aber keine dieser Bewegungen ist ein »Üben« einer

Zielbewegung. Es sind Bewegungen, die vom Zustand des Nervensystems, der Muskulatur, des Skeletts und der jeweils gerade möglichen »Körper«-Konfiguration diktiert werden. Nervensysteme würden bei Tieren gar nicht vorkommen, wenn sie ihnen nicht helfen würden, die immer wieder neuen Erfordernisse und Gelegenheiten zu bewältigen, mit denen die Umwelt sie konfrontiert. Ich habe die ordnungsuchende Funktion des Nervensystems bereits erwähnt. Es ist diese Eigenschaft, nach Ordnung zu streben, die es dem Kind ermöglicht, durch regelloses Vollführen bald des einen, bald des anderen Teilaspekts des Stehens oder irgendeiner anderen Funktion eine zweckmäßige Handlungsweise zu finden – so, wie bei späterem Lernen, z. B. Rad zu fahren, der Lernende zunächst einmal alle die Bewegungen macht, die das Radfahren stören. Eines nach dem andern wird er die parasitären, unnützen, wahllosen und unbeabsichtigten Elemente in seinen Bewegungen hemmen, bis er die wesentliche, geordnete, absichtliche, differenzierte, adäquate Version entdeckt. So ist in der Jugend das Lernen von Fertigkeiten (Schwimmen, Singen, Jonglieren oder was es auch sei) eine allgemeine, verworrene, schlecht gelenkte Aktivität, in der das Nervensystem eine geordnete Tätigkeit entdeckt, nachdem es alle die regellosen, unkontrollierten, ruckartigen Bewegungen gehemmt hat, die schuld an den Mißerfolgen waren. Ich habe diese etwas gequälte Beschreibung durchgehalten, damit Sie mir folgen und verstehen können, wie einem zerebralgelähmten intelligenten Kind oder Erwachsenen dazu verholfen werden kann, daß er schließlich lernt, was andere in ihrer Kindheit selbstverständlich lernen. Angenommen, ich finde, nachdem ich es untersucht habe, daß das zerebralgelähmte Mädchen, von dem schon die Rede war, die Rückenlage als die bequemste und angenehmste empfindet, so werde ich es sich auf eine Couch legen lassen, die eine mit

Filz überzogene und somit hart-weiche Oberfläche hat, und ihm eine Rolle oder einen Schwamm in die Kniekehlen legen, damit sie sicher und fest getragen sind. Dann wird es in einer Lage sein, in der die Muskeln, die gegen die Schwerkraft arbeiten – es sind vorwiegend Strecker – kein Gewicht zu heben brauchen. Heben Sie Ihren eigenen Ellbogen, halten Sie ihn eine oder zwei Minuten lang gehoben in der Luft, und bringen Sie ihn dann auf die Tischplatte oder sonst eine tragende Unterlage zurück, und ihre Schultermuskeln werden sich aus ihrer Spannung lösen, da ihre Arbeit jetzt von der Unterlage oder Stütze geleistet wird. Nervensysteme tendieren dahin, ökonomisch wirksam zu funktionieren.

Es werden also alle Körperpartien des Mädchens, auch das Kreuz, auch der Nacken, auch die Fußknöchel getragen sein, auch asymmetrisch, falls dies nötig sein sollte, bis es sein ganzes Skelett entlang fest getragen ist und so daliegt, wie es daliegen würde, wenn es überhaupt keine Muskeln hätte. Das Nervensystem empfängt jetzt keine Reize von den Fußsohlen her: in den Fußknöchel-, den Knie-, den Hüft- und anderen Gelenken besteht jetzt keine Kompression. Die Sehnen sind nicht gestreckt, der Kopf wird nicht gehalten, er schaut auch nicht, horcht und spricht nicht und wird auch nicht durch Vorgänge in der Umgebung orientiert. Die Tendenz des Nervensystems zu optimalem Funktionieren hat bei minimaler Reizung freies Spiel. Die Nervenimpulse an die Muskulatur werden ruhiger werden. Die Partie der Großhirnrinde, von der die absichtlichen Handlungen ausgehen, wird freier sein, neue Handlungsschemata oder -muster zu bilden, als wenn alles im ganzen System mit irgendeiner Tätigkeit beschäftigt ist, sei sie nun absichtlich oder automatisch-gewohnheitsmäßig.

Ich habe jetzt eine formbare Einheit vor mir mit zahlreichen Möglichkeiten. Ich kann die Gestalt des Druckmusters verändern, nach welcher der schlechte Gebrauch des Systems verlangt hat. Ich sage das so; aber es ist zum Teil Unsinn, denn ich kann nicht Änderungen herbeiführen, so daß andere Impulsschemata alle Muskeln erreichen. Ich kann nur berühren, ziehen, stoßen, drücken, betasten usw. und alle diese Dinge auf eine Art und Weise tun, die geordneter ist und die das System ähnlich beruhigt wie es Kindern und Kleinkindern geschieht, wenn sie behaglich liegen. Ich kann gleiche Reize wiederholen und spüren, ob das Nervensystem, das ich be-handle, auf eine Art reagieren kann, die anders ist als seine erste Reaktion. Ich kann nach zwanzig oder weniger Wiederholungen spüren, daß der vor mir liegende Mensch sich des Schemas erinnert, an das er gewöhnt ist, und daß er spürt, wie eine neurale Umorganisierung sich anbahnt. Das ist wirklicher Fortschritt; denn jetzt reagiert das Nervensystem auf eine neutrale Umgebung normal, d. h. zweckmäßig seiner Anlage gemäß. Bei Gehirnlähmungen wird erregt, ruckartig, athetotisch, erratisch funktioniert und auf Reize, die aus der Umwelt eintreffen, nicht in der geordneten Weise reagiert, wie ein intaktes System dies täte; aber hier auf der Couch reagiert das zerebralgelähmte Kind zum erstenmal wie jedes andere normale Kind es tun würde.

Und dann ist da der wichtigste Körperteil, dessen Stellung im Stehen und bei allen Bewegungen die Verteilung des Tonus in der gesamten Muskulatur bestimmt: der Kopf. Er ist ein schwerer Teil unserer Person und er trägt, wie wir gesehen haben, alle die »Instrumente«, die wir brauchen, um zum Raum, zu Geräusch, Licht und Geruch in Beziehung zu sein. Wenn der Kopf still liegt und alle Telezeptoren untätig sind, wird keine Bewegung unternommen. Bei den kleinsten Veränderungen in unserer Umgebung, die unsere Aufmerksamkeit auf sich ziehen, drehen wir den Kopf nach links oder rechts; wir tun dies auch, wenn wir selbst die winzigste Bewegung nur beabsichtigen, und wir tun es erst recht, um schnelle, kraftvolle Aktionen und Reaktionen auszuführen. Sie können in jedem neueren Lehrbuch der Physiologie oder in meinem Buch *Body and Mature Behaviour* nachlesen, wie die Kopfrotation den Tonus der gesamten Muskulatur beeinflußt und wie ein plötzliches Verlieren des Gleichgewichts den Richtreflex der Augen und des ganzen Kopfes auslöst. Ich kann meine Hand an die Stirn der Person legen, die vor mir auf der Couch liegt, und den Kopf sehr sanft nach links und nach rechts drehen. Bei einem Menschen, der sowohl im Denken als auch im Fühlen ein Genie ist, wird der Kopf der leisesten Regung meiner Hand unverzüglich und mit einer Geschmeidigkeit nachgeben, wie sie vielleicht im Werk der besten handgemachten Schweizer Uhr zu finden ist, die Sie auftreiben können. Bei einem zerebralgelähmten Menschen kann der Kopf auf diese Weise nur einen oder zwei Zentimeter nach der einen und etwa ebensoweit nach der anderen Seite bewegt werden. Das bedeutet: der Kopf ist außerstande, seine ganze Umgebung gleichmäßig zu bewältigen; ihm stehen nur wenige Richtungen zur Verfügung, in die er sich so bewegt, daß der Körper ihm folgt. Bei allen anderen Richtungen wird der Kopf starr gehalten. Es kann keine fließende Bewegung ausgeführt werden, außer einzig nach den beschränkten Richtungen hin, die ihm mehr oder weniger geläufig sind.

Ich habe viele tausend Köpfe sogenannt normaler Menschen geprüft. Nur wenige Dutzend haben der Handbewegung mit solcher Weichheit und Leichtigkeit nachgegeben und sich nach links und rechts drehen lassen wie ein Kugellager es kaum vermöchte, – es waren durchweg Köpfe außergewöhnlicher Menschen, deren jeder seinem Arbeitsgebiet seinen Stempel aufgeprägt hat. Die Mehrzahl aber bewegt sich zwischen diesen und den zerebralgelähmten.

Kurzum, von wenigen Ausnahmen abgesehen, erreichen die Menschen nie die potentielle Höchstqualität, auf die hin sie angelegt sind.

Die da vor mir liegt, ist behindert, weil sie sich in ihren regellos umherirrenden Bewegungen nie hat zurechtfinden können. Sie hat darin keine sich wiederholende Ähnlichkeit finden können, um daraus eine klare und bessere Handlungsweise abzuleiten. Ich trete daher an die Stelle ihrer früheren Umgebung – der menschlichen sowohl als der des Schwerefeldes –, indem ich mit ihrem Kopf Bewegungen ausführe, die einander so ähnlich sind, daß selbst das unordentliche Funktionieren darin zuletzt eine geordnete Möglichkeit erkennen wird. Dazu werde ich voraussichtlich die begonnene, kaum wahrnehmbare sanfte Drehbewegung des Kopfes mit der einen Hand fortsetzen müssen, während ich mit der anderen Hand an weiter unten liegende Körperpartien gehe, wo die Starrheit noch größer ist. Diese Starre verunmöglicht es dem Kopf, eine große oder fließendere Drehbewegung zu machen. Ein Milwaukee- oder ein Gipskorsett um einen sonst gesunden Brustkorb wird die Drehbeweglichkeit des Kopfes so einschränken, daß es aussehen wird, als hätte man einen schweren Fall von Gehirnlähmung vor sich. Selbst bei einem bloßen Skelett lassen die fünf unteren Halswirbel sich nur um ein weniges drehen, wenn man sie nicht ausrenken will. Auch die zwölf Brustwirbel haben wenig Drehspielraum; aber die fünf Lendenwirbel können sich mehr drehen als die anderen. Nur die Achse und der Atlas – die beiden obersten Hals- oder Schädelwirbel – drehen sich beträchtlich, sogar bei Bechterew-Kranken oder bei osteoarthritis deformans. Sie sind die letzten, die befallen werden, und verwachsen so gut wie nie.

Indem ich den sanft bewegenden Druck an der Stirn langsam wiederhole und dabei, um die Drehbewegung zu erleichtern, mit der anderen Hand verschiedentlich nachhelfe, indem ich mit ihr Brustbein und Rippen und nötigenfalls auch das Becken bewege und dies alles tue, um die Kopfdrehung zu erweitern, verbessert sich die Bewegung zuerst nach der einen Seite hin: sie wird immer leichter, gleitender und der Drehwinkel immer größer. Die ganze betreffende Körperseite wird weicher und bewegt sich leichter, die Augen sind weiter geöffnet, die Atmung geht freier und hat sich ausgedehnt in Partien, die vorher starrgehalten waren.

Oft wird die liegende Person, wenn sie merkt, daß die Bewegungen des Kopfes und der unteren Partien freier geworden sind, erleichtert aufatmen. Jetzt wird die andere Seite auf die gleiche Weise vorgenommen. Ich brauche zehn bis fünfzehn Minuten, um den Drehwinkel von einer kaum wahrnehmbaren Bewegung auf zwanzig bis dreißig Grad nach der einen und der anderen Seite hin zu erweitern. Dann nehme ich den Kopf mit beiden Händen und hebe ihn von der Couch; ich hebe und orientiere ihn, bis seine Stellung relativ zu dem liegenden Körper derjenigen entspricht, in der er auf einem gesunden Körper bei guter Haltung im Stehen getragen sein würde. Gewöhnlich erlaubt dies dem Zwerchfell sich zu bewegen, und die untere Bauchwand beginnt sich zu heben und zu senken. Die Atmung geht sichtbar leichter und rhythmischer. Das nächste Mal wird es bereits viel leichter sein, dieses bessere Funktionieren herzustellen, und Besserungen werden sich schon nach nur wenigen Minuten zeigen. Wiederholung ist kein gutes Mittel zu grundlegendem Lernen, aber sie ist nützlich, um ein schon Erreichtes vertraut werden zu lassen. Beim Lernen wird das Unbekannte erkannt, was erst geschieht, nachdem es entdeckt worden ist. Mag sein, daß ich bei der zweiten oder dritten Begegnung das Endergebnis der ersten Lektion zwei Minuten lang wiederholen werde.

Bei jeder Begegnung wird etwas Neues, Unvorhergesehenes und Unerwartetes angewandt werden. Dabei sollte die Person eine freundliche Hand und Einstellung spüren und nicht etwa den Eindruck bekommen, sie werde herumgestoßen und manipuliert. Das Nervensystem der Person wird die ganze Zeit über wachsam, neugierig und interessiert sein; andernfalls wird der Lernprozeß stagnieren und es kommt zu Langeweile ohne ein Lernen, das lohnt.

Viele, wohl die meisten zerebralgelähmten Erwachsenen und Kinder haben spastische Hände und Finger. Ihre Handgelenke sind häufig starr und können sich nicht beugen. Gewöhnlich ist es die Rotation der Elle um die Speiche, die unmöglich ist. Die Elle ist der Knochen auf der Seite des Unterarms, wo auch der kleine, der fünfte Finger ist; die Speiche ist der größere der beiden Knochen und an der Daumenseite des Arms. Ist der Unterarm unbeweglich, so wird auch die Bewegung des Ellbogens beeinträchtigt sein. Natürlich sind Schulterblatt und Schlüsselbein eines solchen Unterarms weit davon entfernt, ideal oder auch nur gut zu sein. Kurz, wenn ein Teil des Gehirns gelähmt ist, so ist das gesamte System betroffen; nur sind manche Teile merklicher behindert als andere. Da Schultern und Arme bei ihm so sind wie sie sind, kann ein adäquater absichtlicher Gebrauch nicht erlernt werden. Die Gründe dafür habe ich bereits angeführt und sogar wiederholt.

Ich werde etwa die rechte Hand der liegenden Person nehmen, um sie quer über ihre Brust zu bewegen. Gewöhnlich wird der Arm meinem sanften Zug nicht nachgeben. Ich werde aufhören zu ziehen und die Bewegung noch langsamer wiederholen, diesmal aber den Ellbogen des spastischen Armes mit meiner rechten Hand stützen. Ich werde mit beiden Händen – ziehend am Handgelenk, den Ellbogen schiebend – den rechten Unterarm über die Brust auf die linke Wange zu bewegen, aber nur so weit als dies getan werden kann, ohne daß ich an Kraft zugeben müßte. Dann werde ich ihn in seine Normallage zurückführen und, ohne ihn loszulassen, den nächsten Atemzug abwarten. Wenn ich nach einigen Kleinstbewegungen dieser Art nicht spüre, daß der gezogene (und am Ellbogen unterstützte) Arm meiner Bewegung williger und weiter folgt, während ich die Intensität meiner Bewegungen bei jeder Wiederholung verringere, so werde ich meine rechte Hand unter das rechte Schulterblatt schieben (nachdem ich den Ellbogen losgelassen habe). Indem ich das Schulterblatt in die Richtung unterstütze, die den Zug am Handgelenk leichter macht, werde ich dem Handgelenk wieder in die Richtung der linken Wange helfen. Gewöhnlich wird nach zwanzig oder mehr solchen Versuchen das Handgelenk bis fast ans Kinn gehen. In diesem Augenblick werde ich das Schulterblatt loslassen und für eine oder zwei weitere Bewegungen wieder den Ellbogen nehmen; dann den Ellbogen loslassen und den Kopf so weit drehen wie er sich dem auf ihn zu steigenden Handgelenk leicht entgegendrehen läßt. Am Ende wird der Handteller an der linken Wange liegen. Wenn das geschieht, werde ich wieder den Ellbogen fassen, meine linke Hand vom Handgelenk wegnehmen und auf dessen Rückseite einen leichten Druck ausüben, damit der Handteller der Wange deutlich und mit seiner ganzen Fläche anliegt. Wenn ich der Person hierzu nicht verhelfen kann, werde ich es vorläufig aufgeben. Das nächste Mal werde ich völlig anders vorgehen. Bei einem mehr oder weniger gewöhnlichen Fall von Zerebrallähmung ist es dem Handteller möglich, den Mund zu berühren, die Wange, und dort zu bleiben, wärhend meine rechte Hand den Ellbogen unterstützt und meine andere Hand den Handrücken gegen die Wange hin drückt.

Einmal so weit gekommen, kann die zerebralgelähmte Person lernen, die Bewegung selber zu machen, was ihr auch unschwer gelingen wird. Der Gedanke hinter dieser ganzen Prozedur ist dieser: Kleinkinder bewegen am Anfang ihre Muskeln und Glieder nicht auf eine absichtlich differenzierte Weise; sie führen z. B. beide Fäuste zusammen zum Mund. Ein Kleinkind kann am Anfang nicht eine Hand zum Mund führen und sich mit der anderen am Kopf kratzen. Ein langer, abgestufter Prozeß des Funktionierens während seines Wachstums ist nötig, bevor das Nervensystem in der Lage ist, Impulse durch Synapsen, durch einen bestimmten Dendriten zu schicken. Um eine so einfache Bewegung zu machen wie das absichtliche Aneinanderreiben der Spitzen des Daumens und des Zeigefingers, bei Hemmung der benachbarten Finger bis zur Reglosigkeit, und damit dies zu einer klar beabsichtigten und fein abgestuften Bewegung werden könne, wird das Kleinkind während langer Zeit vielerlei zusammen bewegen. So werden auch viele Monate des Wachsens und lehrerlosen Lernens verstreichen, bevor es, von sich aus und aus welchem Grund oder mit welcher Absicht auch immer, sich den rechten Handteller an die linke Wange legen wird. Zuerst wird es beide Hände, zu Fäusten geballt, an den Mund führen; später, im Lauf der Zeit, an die Wangen; und noch später eine Hand ohne die andere bewegen. Es wird stückweise lernen: einiges von einem Lehrer seiner Wahl, von jemandem, den es mag; das nächste Stückchen von jemand anderem, und wiederum weiteres wird ihm einfach aufgehen. Es ist an der Handlung, die es ausführt, so beteiligt oder interessiert, daß es akut empfindet, was es da »draußen« vollbringt. So differenziert sich nach und nach, was früher einmal nur eine globale, grobe, schlecht gelenkte Bewegung war.

Sie merken jetzt vielleicht: während ich mit der linken Hand den rechten Handteller unserer Zerebralgelähmten an ihre linke Wange drücke und mit der rechten erst ihren

Ellbogen, dann ihr Schulterblatt unterstütze, wird sich ihr Kopf drehen, wobei die Schultermuskeln und alles zwischen Schulter und Kopf wie auch der rechte obere Teil des Brustkorbs sich alle zusammen als eine Einheit bewegen werden. Das erinnert an die früheste Kindheit, da die Muskeln, die Arm und Kopf verbinden, nichts zu tun haben; denn wenn das Kleinkind die Fäuste zum Mund führt, bewegt es Kopf und Schultern durch eine Wendung des Brustkorbs. Und wenn ich die Zerebralgelähmte auf diese Weise be-handle, bleiben die Kopf-Schulter-Muskeln auf eine ganz ähnliche Weise unbeteiligt. Wie wir gesehen haben, wird das Nervensystem ein paar Minuten oder zehn bis zwanzig erprobende Wiederholungen brauchen, um seine Fähigkeit zu merken, alle diese Muskeln unbetätigt zu lassen. Es ist vielleicht zum erstenmal in ihrem Leben, daß die Zerebralgelähmte in einer Gegend, in der die Kontraktionsbewegungen mit oder ohne Absicht niemals aufgehört hatten, keine Bewegung spürt.

Ich verwende primitive, undifferenzierte Bewegungen und Reaktionen. Viele davon sind als eine Art Engramm in unserem System gespeichert und werden von durchschnittlich gesunden Menschen nicht gebraucht. Ein gutes Beispiel ist der Saugreflex: der Säugling stülpt seine Lipen der Brustwarze entgegen. Der Erwachsene wird seine Lippen sehr ähnlich organisieren, um einen langen U-Laut von sich zu geben. Manche Kinder werden die Saugbewegung noch längere Zeit fortsetzen, nachdem sie schon aufgehört haben, sich durch Saugen zu ernähren. Die meisten Erwachsenen aber gebrauchen das Saugen nur noch absichtlich. Anderseits wird ein traumatisierter Erwachsener, etwa bei tiefgreifender Verwirrung der Gefühle oder bei einem Nervenzusammenbruch, die Lippen oft wie zum Saugen vorstülpen und die Saugbewegung unwillkürlich mehrmals wiederholen, wenn seine Oberlippe durch plötzliches, schnelles Anschnippen gereizt wird. Diese schlummernde, nutzlos gewordene Handlung war zu ihrer Zeit die lebenswichtigste Bewegung.

Ich verwende Bewegungen und Reaktionen, die in frühester Kindheit gebraucht, dann aufgegeben und auf die übliche Art in unserer Gedächtnisbank aufbewahrt worden sind. Ich rufe etwa das abwehrende und schützende Vorstrecken der Arme (wie beim Vorwärtsfallen) hervor, um das absichtliche Strecken solcher Arme zu organisieren, welche sich nie zuvor geradegestreckt haben. Um dies zu tun, muß ich Ellbogen, Handgelenk und Schulter anleiten, auf den von meiner Hand ausgeübten Reiz normal zu reagieren. Ein Zerebralgelähmter lernt ein sich wiederholendes Bewegungsmuster erkennen, das er unwillkürlich ausführt, bis er es ohne Hilfe selber bilden kann. Normalerweise lernt das Nervensystem auf eine ähnliche Art; aber ein zerebralgelähmtes System kann solches Lernen nicht allein vollbringen, da der Absicht nach gleiche oder ähnliche Bewegungen bei ihm bis zur Unkenntlichkeit verschieden ausfallen. Für den derart Gelähmten ist es schwer oder unmöglich, aus den verschiedenen Versuchen, die in all seinen Lernsituationen bestenfalls annähernd ähnlich sind, ein klares Schema oder Muster herauszulesen.

Ich habe eine große Anzahl solcher Mittel, Bewegungen und Situationen entwickelt, genug, um all den üblichen Behinderungen, die bei Gehirnlähmung auftreten, begegnen zu können. Ein solches Mittel, bzw. eine solche Technik ist die Arbeit mit dem künstlichen Boden. Dies ist ein wirksames Mittel, um in verschiedenen Fällen das Stehen und das Gehen zu organisieren. Ich werde es Ihnen etwas ausführlicher beschreiben, damit Sie das weiter ausholende Denken, das der *Funktionalen Integration* zugrundeliegt, leichter nachvollziehen können.

Muskeln, die nicht von außen her verletzt worden sind,

funktionieren gewöhnlich gut, sofern nicht irgendeine Störung oder Krankheit des Nervensystems vorhanden ist. Bei den meisten Fällen muskulärer Dysfunktion liegt das Problem im Eintreffen der Impulse zu einer beabsichtigten Handlung bei den Muskeln durch die Nervenbahnen. Normalerweise genügt unsere Absicht, um die komplexen Impulsschemata zu liefern, die alle unsere Bewegungen programmieren. Unsere Absichten rühren meist von unserer Umgebung her, die uns durch unseren Sinnesapparat erreicht, und viel von dem, was wir vermögen, ist auf diese Weise entstanden. Oft ist es schwer zu entscheiden, ob eine bestimmte Bewegung als unmittelbare Reaktion auf eine Provokation von der Umgebung her entstanden ist oder ob wir den Ablauf motorischer Tätigkeit selbst eingeleitet haben. Es besteht da von Anfang an ein ununterbrochener Austausch zwischen dem wachsenden Organismus und seiner stets sich ändernden Umgebung. Selbst wenn wir überzeugt sind, daß wir die Bewegung gewünscht und eingeleitet hatten, so können uns doch noch Zweifel kommen, wenn wir unseren Lebensprozeß betrachten, wie er sich vor dem betreffenden Augenblick abgespielt hat.

Bewegungsfehler oder -Versagen können von Defekten in den sensorischen oder den motorischen Partien unserer Ausrüstung herrühren oder von beiden zusammen. Bei *Funktionaler Integration* befasse ich mich vornehmlich mit der angestrebten, gesuchten Funktion; die sensorischen und motorischen Einzelheiten sind von Bedeutung nur insofern als es ihrer zum Vollzug der Funktion bedarf. Das klingt nach Haarspalterei, und solange wir keine Beschwerden oder Schwierigkeiten haben, ist es auch Haarspalterei. Aber wenn wir eine verlorene Funktion wiedererlangen wollen, wird es von überragender Bedeutung; denn wie wollen wirs anstellen, daß von unserer Absicht ausgelöste Impulse an ihrem Ziel eintreffen, wenn in den Bahnen, durch die sie normalerweise gehen, eine Lücke, eine Unterbrechung ist? Hier also ein Beispiel dafür, wie ich den künstlichen Boden verwende. Vor mir liegt einer auf dem Rücken, sicher getragen, wie ich es bereits beschrieben habe. Seine Füße ragen ein wenig über den Rand der Couch hinaus, gerade so weit, daß seine Fersen nicht mehr auf dem Couchrand aufliegen. Ich nehme nun ein etwa zwanzig Zentimeter langes und fünfzehn Zentimeter breites Brett, dick genug, daß es sich nicht biegen kann – ähnlich einem Käsebrett. Ich halte das Brett mit beiden Händen und bewege es so auf die Fußsohle zu. Ich halte es senkrecht, nah beim Fuß und dessen Sohle zugekehrt, der ich es noch mehr nähere, bis es die kleine Zehe berührt. Ich unterbreche diesen ersten Kontakt und stelle ihn so oft wieder her als nötig ist, um ein Zucken oder Zittern der Nachbarzehe hervorzurufen. Dann neige ich das Brett so, daß es zuerst wieder nur die kleine Zehe berührt, und dann so, daß beide Zehen zusammen berührt werden; und so fort, bis die dritte, die zweite und schließlich auch die große Zehe alle das Brett berühren. Sind einmal alle Zehen mit dem Brett in Berührung, dann bewege ich es so, daß es nur die Ferse berührt; dann zurück zu den Zehen, und so fort, bis sich im Knöchelgelenk Tätigkeit bemerkbar macht oder bis diese, falls sie schon vorher vorhanden war, sich ebnet und weicher, leichter wird. Danach werde ich das Brett so neigen, daß es den äußeren Fußrand berührt ... Nun berühre ich damit abwechselnd den inneren und den äußeren Fußrand, bis sich eine leichte Drehbewegung des Fußes anzudeuten beginnt und er gelockerter, weicher wird in seiner Ruhelage und in seinen Reaktionen. Der Fuß bewegt sich, um fest auf seiner Sohle zu stehen, als stünde er auf einem etwas schrägen Boden oder auf einem, der nicht flach ist, sondern aus unterschiedlich geneigten Platten besteht.

Ein gesunder, gut koordinierter Organismus wird sich

auf Sand, Geröll und allen Arten von Boden einrichten, auf gewelltem wie auf steigendem oder abfallendem; und selbstverständlich werden die Beine, das Becken, der Kopf sich entsprechend ausrichten, um ein sicheres Stehen immerzu wiederherzustellen und zu gewährleisten. Bei unserem Liegenden sind die Muskeln, die gegen die Schwerkraft arbeiten, untätig, da keine der zum Stehen gehörenden Reize vorhanden sind außer dem einen, den ich mit meinem Brett erzeuge. Alle die interozeptiven Nervenendigungen in den Gelenken, Muskeln und Sehnen des ganzen Körpers handeln nur gerade soweit als meine Reize am Fußrand das Gehen auf unebenem Boden vortäuschen. Wenn diese Reize sich über die ganze Sohle erstrecken und meine Änderungen in der Neigung des Bretts genügend langsam sind, um für die Anpassungen Zeit zu lassen, die von den vorgeblichen Unterschieden in der Bodenbeschaffenheit verlangt und erzeugt werden, dann kann ich spüren, wie das ganze Bein sich so benimmt, als ob der Liegende tatsächlich stehen würde. Im Laufe von etwa dreißig Minuten kann ich Änderungen im Tonus der gesamten Körperseite erhalten, an deren Bein ich arbeite. Die Änderung wird sich in die Halsmuskeln und Augen ausbreiten, indem der Kopf damit beschäftigt sein wird, das Gleichgewicht zu wahren. Auf diese Weise bewirke ich das Aussenden von Impulsreihen für das Stehen auf einem Bein. Sind Durchgang und Ankunft der Impulse in der Beinmuskulatur und der Sohle nicht normal vorhanden, so leite ich durch das Reizen der Sohle ein Aussenden von Impulsen ein, die sich zu ihrem Ziel hinbewegen werden, wie sie dies früher beim Kleinkind und Kind getan hatten. Bei der geringsten Wahrscheinlichkeit einer Wiederherstellung ist dies viel wirksamer, als die einzelnen Körperpartien passiv oder aktiv nur zu bewegen. Angewandte passive Bewegungen haben wenig Aussicht, in den Dendriten der Synapsen neue Bahnen zu bilden. Anderseits bringen zielstrebige Gehübungen wiederum Bewegungen mit sich, welche von denen, die hier erforderlich sind, so verschieden sind, daß bestenfalls ein arg verzerrtes Stehen und Gehen zustandekommen wird. Manchmal mag einer auch ohne mein Brett wieder völlig »auf die Beine kommen«. Die Brett-Technik erspart aber nicht nur sehr viel Zeit, sie führt auch zur besten funktionalen Wiederherstellung der Bewegungsqualität. Die Beschäftigung mit einer Funktion in ihrer Gesamtheit wird auf harmonische Weise alles aktivieren und reizen, was für das normale Erlernen sensoriell-motorischen Optimalverhaltens nötig ist – wie dies am Anfang des Lernens der Fall gewesen war. Durch die Technik mit dem künstlichen Boden können Erfolge erzielt werden, wo alles andere vergeblich ist. Sie wirkt Wunder auch am Durchschnittsmenschen, den wir meist als normal bezeichnen statt als durchschnittlich.

Von der Wirksamkeit der hier beschriebenen Verfahrensweise werden Sie sich noch besser durch eigene Erfahrung überzeugen. Stellen Sie sich also, in Socken oder barfuß, vor eine Wand, mit dem Gesicht zu ihr. Legen Sie die rechte Hand an die Wand, den Ellbogen leicht gebeugt. Verlagern Sie Ihr Gewicht auf den rechten Fuß und verschieben Sie den linken ein wenig nach hinten, bei vom Boden weggehobener Ferse, so daß er nur als Absicherung Ihres Gleichgewichts dient. Ihr linker Fuß berührt also den Boden jetzt so, wie er es im Gehen in dem Augenblick tun würde, da Sie voll auf dem rechten Fuß »stehen«. Stehen Sie dabei möglichst einfach und bequem. Bewegen Sie jetzt den Körper so, daß Sie auf den äußeren Rand des rechten Fußes zu stehen kommen; strengen Sie sich deswegen nicht an, tun Sie's bloß ungefähr. Bewegen Sie dann langsam und sanft den Fuß so, daß Sie überwiegend auf seinem inneren Rand stehen werden; und dann auf den äußeren Rand zurück. Wiederholen Sie diese beiden Bewegungen ein dutzendmal, und jedesmal, wenn Sie die Fußstellung wechseln, verringern Sie unnötige Anstrengungen im rechten Arm und in der rechten Hand und lassen sich frei atmen. Als nächstes heben Sie die rechte Ferse vom Boden, ändern dann ein wenig die Stellung und heben den Vorderfuß (mitsamt den Zehen), so daß Sie nur auf der Ferse stehen. Wechseln Sie diese beiden Bewegungen fünf- oder sechsmal ab. Ich hoffe, Sie denken noch daran, den linken Fuß nur zur Sicherung Ihres Gleichgewichts zu benützen, mit angehobener Ferse. – Und jetzt gehen Sie ganz gewöhnlich ein bißchen herum und merken auf den Unterschied zwischen der rechten Körperhälfte mitsamt ihrem Bein, und der anderen. Das mag Ihnen andeuten, welche Auswirkungen eine Änderung der Druckverteilung an Ihrer Fußsohle haben würde, wenn Sie dabei gelegen wären, statt zu stehen. Aber selbst so können Sie jetzt in Ihrer ganzen rechten Seite einen deutlichen Unterschied im Muskeltonus spüren.

Sehen Sie sich die Bilder auf der nächsten Seite beiläufig an. Merken Sie wie der Kopf abgedreht ist; sehen Sie das Becken, den angehobenen Fuß und wie die Hand mit ihrem Arm gegen die Wand gestützt ist.

Gebrauchen Sie Ihre Einbildungskraft, um sich alle möglichen anderen Konfigurationen auszudenken und vorzustellen. Gehen Sie bei deren Ausführung langsam vor: machen Sie zuerst nur einen ganz kleinen Anfang einer Bewegung und lassen deren Umfang allmählich größer werden. Sie werden wohl zehn- oder achtmal ansetzen, bevor Sie die Grenze Ihrer jetzigen Möglichkeiten erreichen. Indem Sie alle möglichen Kombinationen auf die gleiche Weise ausprobieren, werden Sie finden, daß der Bewegungsumfang bei allen größer werden und Ihre Erwartungen übertreffen wird. Das Ergebnis wird eine allgemein verbesserte Haltung und leichtere Beweglichkeit sein.

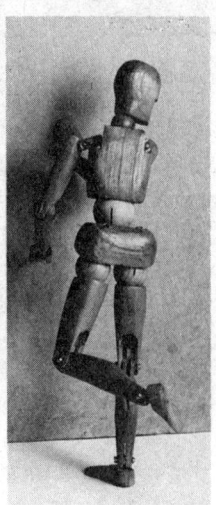

*Sollte ich Ihre Einbildungskraft falsch eingeschätzt ha-
ben, dann könnte es sein, daß Sie derlei nötiger haben als Sie
meinen.*

Zusammenfassung

Funktionale Integration ist im wesentlichen non-verbal. Sie
ist wirksam, weil die Person – die vielleicht verletzt ist oder
an der chirurgische Eingriffe vorgenommen worden sind
(Laminektomie, Amputation eines Glieds) oder die an Zerebrallähmung oder sonst irgendeiner der zahllosen möglichen Behinderungen oder Verletzungen leidet – ihre
Fähigkeit, sich selbst zu helfen, verloren hat. In solchen
Lagen verliert ein Mensch sein Selbstvertrauen. So beschädigt ist es, daß die meisten Behandlungsweisen, wenn
überhaupt, dann nur oberflächliche Besserungen herbeiführen.

Die tiefsten kinästhetischen Empfindungen, die in frühester Kindheit gebildet worden sind, sind davon betroffen. Der Mensch zieht sich von dem, was um ihn herum geschieht, zurück und ist von seiner Aufmerksamkeit für Veränderungen, die in seinem Inneren vorgehen, völlig gefesselt. Fließendere Augenbewegungen, Drehbewegungen des Kopfes, Änderungen in der Verteilung des Drucks an den Fußsohlen, Verringerung der Spannungen zwischen den Rippen, die Vervollständigung der Muskelschemata, die ihn gegen die Schwerkraft organisieren, um ein klares Gefühl lotrecht aufrechten Stehens zu erhalten: nichts von alledem kann sich einstellen ohne eine vollständige Veränderung im neuralen Funktionieren der beabsichtigenden oder motorischen, wie auch der sensoriellen Großhirnrinde.

Der Muskeltonus wird dann gleichmäßiger und niedriger. Ein Gefühl des Wohlbehagens herrscht vor. Die Atmung wird regelmäßiger. Farbe tritt in die Wangen. Die Augen bekommen mehr Glanz, sie werden feuchter, öffnen sich weiter und leuchten. Am Ende reibt man sich die Augen, als wäre man aus einem erquickenden Traum erwacht. »Normale« Menschen sind zu geschäftig und verpassen darüber etwas, das unschätzbar ist. Sie sollten Funktionale Integration probieren.

Das Selbstverständliche:
Konturen des Dunkels

Vieles Sichtbare wird nicht gesehen. Die Mehrzahl der Psychotherapien bedient sich der Sprache, um unbewußte, vergessene frühe Erfahrung zu erreichen und zu erhellen, und doch bewegen uns Gefühle, lange bevor wir Sprache erlernen. Manche achten nicht darauf, was, sondern wie es gesagt wird. Dadurch kann man die Absichten hinter der Struktur der Redeform aufspüren, um an die Gefühle zu gelangen, welche diese spezifische Struktur diktiert haben. Wie man sagt, was man tut, ist mindestens ebenso wichtig wie was man sagt.

Vertrautheit macht die Dinge, die Handlungen und Begriffe geläufig und selbstverständlich. Sprechen ist uns so vertraut, daß uns alles daran selbstverständlich scheint. Unser Körper ist uns vertraut, und das macht, daß uns die Begriffe, die wir von ihm haben, selbstverständlich sind. Das läßt sich vom Lernen sagen, vom Denken, vom Träumen und von nahezu allen Dingen, die uns vertraut sind. Ich behaupte: Sprechen ist nicht Denken. Obwohl wir »selbstverständlich« beides für ein und dasselbe halten; daß dies ein Irrtum ist, dies einzusehen fällt uns schwer. Ich würde sagen: das Selbstverständliche enthält alle unsere wissenschaftliche Ignoranz; darum erfordert es ein gründlicheres Umlernen und Verständnis als irgendetwas sonst, das wir zu wissen glauben.

Über die allerselbstverständlichsten Phänomene wissen wir wenig, oft nichts. Wie kommt es, daß eine Streichholzschachtel in jeder Entfernung oder Lage, in der sie noch erkennbar ist, immer die gleiche Form zu haben scheint? Wie schlucken wir? Kleine Kinder können denken, lange bevor sie sprechen können. Die blind und stumm geborene Helen Keller konnte sehr wohl denken, bevor sie ihre eigene Art des Sprechens gelernt hatte. Tiere benehmen sich oft, als ob sie denken könnten, obwohl sie nicht sprechen können. Das Sprechen und noch mehr das geschriebene oder gedruckte Wort haben eine unüberschätzbare Rolle in unserer Entwicklung als Gattung gespielt, und viele sprechen ihr die gleiche Bedeutung zu wie unserer Erbanlage. Die Sprache versieht uns mit Informationen und befähigt uns zu Handlungen, die andere Tiere instinktiv tun. Unsere Instinkte sind, verglichen mit denen starker und selbst schwacher Tiere, so schwach wie unser Körper. Aber dank der Sprache steht die gesamte Erfahrung unseres Denkens uns zur Verfügung. Unsere Erbschaft – die Schöpfungen der Künste, das Wissen unserer Vorgänger, all die in Büchern bewahrten kulturellen Schätze, Dichtung und Musik und Werke über sie, Mathematik, Geschichte, die Wissenschaft in all ihren Verzweigungen, Philosophie, Linguistik usw. –, diese Erbschaft ist so groß, daß sich nur schwer entscheiden läßt, ob der homo sapiens das Produkt nur seiner biologischen Ausstattung ist oder auch aus der geistigen Erbschaft besteht, die ihm durch die Sprache in ihren verschiedenen Formen verfügbar gemacht wird.

Dennoch ist, meines Erachtens, für die Selbsterkenntnis die Sprache ein gewaltiges Hindernis. Benützt man sie – wie in all den verschiedenen Psychotherapien – um die Psyche zu analysieren, so braucht es Jahre, um zu entwirren, was in uns vorgeht, das uns das sagen macht, was wir sagen, den Vorgang also, der über das Gesagte analysiert werden soll. Beim Prozeß der Selbsterkenntnis erreicht man die Grundlagen, das Wesentliche nur dann, wenn man die Verkettung zwischen Denken und Sprache auflöst. Die Unzertrennlichkeit, ja Ununterscheidbarkeit von Denken und Sprache ist uns nicht angeboren. Da wir viel Zeit darauf verwandt haben, sprechen zu lernen, haben wir, ohne es zu merken, uns eine Vorstellung gemacht, in der Sprechen und Denken gleichbedeutend sind. Wörter sind nicht Zeichen wie in der Mathematik, sondern Symbole. Wenn ich sage »ich möchte«, so kann ich damit meinen »ich wünsche«, »ich brauche«, »ich will« oder »mir fehlt«. Was denke ich, wenn ich sage »ich möchte«? Ich glaube, aus meinem Denken nur eine unter mehreren Bedeutungsnuancen zu wählen und diese bezeichne das, was ich mitteilen möchte. Oder ich entdecke eine neue Schattierung, die mir eindeutig und klar scheint, während das Wort für den Zuhörer oder Leser einen ganz anderen Sinn haben kann. Es kann auch geschehen, daß ich einen Aspekt meines Denkens mitteile, den ich gar nicht mitteilen wollte. Dichter pflegen sich solcher Mehrdeutigkeit bewußt zu sein und sie bewußt als Mittel einzusetzen; sie rechnen daher auch mit verschiedenen Möglichkeiten des Verstehens. In der Alltagssprache aber bewirkt diese Mehrdeutigkeit oft, daß wir falsch verstanden werden, wo wir selber durchaus eindeutig zu reden glaubten. Sie sehen also, wie verräterisch dieser Boden sein kann. Ich sage, ich möchte ein Schriftsteller sein, aber wenn ich mich prüfe, so entdecke ich, daß ich mit meinem »ich möchte« nur beschreibe, was mir abgeht. Ich bin kein Schriftsteller; es ist nur Wunschdenken oder eine Sehnsucht, für mich wie für mein Gegenüber, und mein Sprechen ist kein Denken, sondern nur ein ungenauer Gebrauch vager Symbole; es deutet ein weites Feld an oder ein Konglomerat von Begriffen und Vorstellungen, vielleicht einschließlich deren Negation.

Es genügt sich zu überlegen, was Begriffe wie Gott, Wahrheit, Freiheit, Gerechtigkeit, Ehrlichkeit, Kommunismus, Faschismus, Gut, Böse, Intelligenz usw., usw., in verschiedenen menschlichen Gesellschaften bedeuten, um einzusehen, daß viele unserer Schwierigkeiten und Leiden daher kommen, daß wir Sprechen für Denken halten. Das Denken ist eine viel mannigfaltigere Funktion, die sich noch anderer möglicher Ausdrucksformen bedient. Sprache, Sprechen ist ein serielles Geschehen, da Wörter in der Zeit aufeinanderfolgen und ihrem Wesen nach den Gedanken, der eine größere Anzahl Aspekte gleichzeitig enthalten mag, nicht mitteilen können. Es scheint, als gebe es für jeden Gedanken mehr als nur eine Form des Ausdrucks. Aber die Mehrzahl der Diskussionen, Meinungsverschiedenheiten, Zwiste entsteht durch die Verwechslung von Sprechen und Denken. Fast jeder Teilnehmer einer Abrüstungskonferenz hält Abrüstung für wünschenswert; sonst fände die Konferenz gar nicht statt. Aber die Gedanken tragen die Kleidung des Ausdrucks, und was gesagt wird, ist daher so verschieden, daß man aus den Reden die Gedanken kaum erraten kann, zumal die Gedanken so vielfältig und vielschichtig sein können, daß sie Reden von der Länge einiger Jahrzehnte erfordern würden, da Sprache nun einmal ein serieller Vorgang in der Zeit ist. Es ist mir immer besonders widersinnig vorgekommen, daß alle die verschiedenen Teile, aus denen unser Gehirn besteht (corpus striatum, globus pallidus, Hypophyse, amygdala, Hypothalamus, Thalamus, Hippocampus und die beiden verschiedenen Hemisphären) nicht mehr als nur eine einzige Muskulatur haben, durch die sie wirksam werden. Gewiß, die Muskeln können mehr tun als nur auf eine einzige Art sich zusammenziehen: da gibt es Muskelzittern, klonische Bewegungen, spastische Kontraktionen, usw. Aber sollte es nicht irgendwie entsprechende Lokalisierungen der Funktionen im Körper und seinen Muskeln geben? Die Tatsache, daß den verschiedenen Teilen des Gehirns nur eine einzige Muskulatur zu Diensten steht, führte mich auf eine Spur zum Verständnis der Einheit des Nervensystems und der Lokalisierung der verschiedenen Funktionen. Im Körper dienen Finger und Zehen anders als Ellbogen und Knie, als Schultern und Hüftgelenke. Für jedweden Gebrauch der Finger, sei's zum Klavierspiel, zum Geldzählen oder zum Schreiben, müssen wir das gesamte Skelett mit allen seinen Muskeln ans Klavier, an den Bankschalter oder an den Schreibtisch bringen. Feine Bewegungen erfordern Handgelenke, Finger, Fußknöchel, Zehen, aber die gesamte Muskulatur ist daran beteiligt, die feineren Extremitäten an den Ort zu bringen, wo sie sich dann betätigen. Schultern und Hüften sind nötig, wo größere Kraft erfordert wird, und sie sind daran beteiligt, den Körper dorthin zu transportieren, wo feine Finger vonnöten sind. Besonders die Ellbogen und Knie sind an allen Fertigkeiten des menschlichen Körpers beteiligt. Wiederum aber muß das ganze Selbst mittransportiert werden, etwa um zu springen, und beim Stabhochsprung werden die Hände den Stab halten. Grob gesagt, besteht ein Unterschied zwischen dem Halten des Stabs und dem Hochsprung als solchem. So wird Lokalisierung von Bewegung zu einer verschwommenen und an den Haaren herbeigezogenen Zergliederei.

Dementsprechend ist z. B. das Geldzählen ebensowenig irgendwo im Gehirn lokalisiert wie die Finger selbst Geldzähler sind. Bei jeder Handlung ist das gesamte Gehirn in Aktion wie auch der gesamte Körper. Natürlich wird das Gehirn, nachdem es den ganzen Körper ans Klavier gebracht hat, den Gehörapparat gebrauchen müssen, die motorische Rinde für die Finger auf den Tasten und die Füße auf den Pedalen, die Strecker fürs Sitzen, und den Kopf . . ., und der Rumpf wird ähnlich gebraucht werden.

Dies alles wäre ohne jede Bedeutung, wenn wir nicht

wüßten, daß zwischen zwei Tätigkeiten, welcher Art sie auch seien, der Körper die Konfiguration des aufrechten Stehens durchqueren, also auch das Gehirn eine neutrale Durchgangskonfiguration haben muß. Es ist der Übergang von einer Tätigkeit zur nächsten, der gleichsam ein Löschen der Tafel verlangt. Wie das Stehen als ein bestimmter Punkt im Ablauf einer Bewegung und daher als dynamisch betrachtet werden kann, so ist auch eine Untätigkeit des Gehirns, gleichsam eine »Hirnstille«, nötig im Übergang von einer Tätigkeit zur nächsten. Ich nehme an, daß das Löschen der Tafel nur ein paar Tausendstel Sekunden beansprucht und daher gar nicht wahrgenommen wird, außer wenn das Umschalten defekt ist. Dementsprechend glaube ich auch, daß man sich den Fußknöchel dann verstaucht oder sich dann in die Zunge beißt, wenn zwei Handlungen zu rasch aufeinanderfolgen, bevor die Tafel wieder blank ist. Solche Fehler oder solches Versagen kommen dann vor, wenn wir aus einer neuen Absicht etwas anfangen, bevor die vorherige zu Ende geführt worden ist. Wir führen dann gleichzeitig zwei Handlungen aus, die miteinander nicht vereinbar sind.

Überlegen Sie sich einmal, was sich über ein Dreieck sagen läßt, wenn das Denken alles enthält, was ich darüber weiß, und das obendrein, was ich vielleicht noch entdecken werde. Mein Interesse an diesem Dilemma oder Problem ist praktischer Natur. Ich möchte einem Menschen, der in Nöten ist, etwas mitteilen, das ihm helfen könnte, einem Menschen, der seine Beschwerden und Schmerzen loswerden möchte, oder der mit einem zerebralgelähmten Organismus geboren worden ist, oder Verletzungen erlitten oder Verhaltensgewohnheiten angenommen hat, deretwegen er sich unzulänglich und minderwertig oder unwürdig fühlt. Ich möchte etwas faßlich machen, das diesem Menschen helfen könnte, mittels Selbstlenkung sein Tun und

Handeln durch seinen Körper umzuorganisieren, um sich das Leben leichter, einfacher, womöglich auch angenehmer und ästhetisch befriedigend einzurichten. In diesem Zusammenhang ist es wichtig, zu betonen, daß Denken und freie Wahl eng verbunden sind und daß die Wahlfreiheit erlischt, sobald man eine Wahl trifft, sie ausspricht oder sie auch nur sich selber sagt und somit die Entscheidung fällt. Freie Wahl bedeutet grundsätzlich, daß man zwischen Alternativen wählen kann. Wir wählen in Gedanken eine Alternative und teilen sie mit, obwohl in unserem Denken vielleicht noch andere Möglichkeiten vorhanden waren, bevor wir uns entschlossen hatten, diese eine von ihnen in Wörter zu kleiden und dadurch uns selbst auf sie festzulegen.

Keine Alternative haben, bedeutet im Leben Angst und häufig Zwang. Ein Beispiel, das Sie jetzt schon kennen: Gehen Sie auf einem Brett, das Teil des Bodens ist oder auf dem Boden liegt. Das fällt Ihnen nicht weiter schwer, und Sie werden meinem Vorschlag, es noch einmal zu tun, wenig sinnvoll finden, da Sie sicher sind, kleine Balancefehler ohne weiteres ausgleichen zu können. Sie bezweifeln es nicht, weil Sie die Alternative haben, von dem Brett seitwärts zu treten, Ihr Gleichgewicht zu korrigieren und Ihren Gang auf dem Brett dann wieder aufzunehmen. Aber heben Sie in Ihrer Vorstellung das Brett um dreißig Zentimeter vom Boden und stellen Sie sich vor, daß Sie darauf gehen; heben Sie es in Ihrer Vorstellung auf drei Meter Höhe; noch besser: versuchen Sie's auf einem solchen Brett, das auf zwei Stützen ruht, und Sie werden sehen: wenn die Alternativen wegfallen – in diesem Fall die Möglichkeit, seitwärts zu treten –, nimmt die Angst so sehr zu, daß sie das Denken lähmt – von der Ausführung gar nicht zu reden. Daß Sie daran zweifeln, Ihr Gleichgewicht wiederherstellen zu können, hat seinen soliden Grund: Sie haben die Fertigkeit des Balancierens nie bis zu dem hier erforderten Grade erlernt. Trotzdem ist es möglich, und es gibt ja auch Leute, die vom Dach des World Trade Building über ein Drahtseil bis zum Dach des nächsten Gebäudes gegangen sind.

Nochmals: keine Alternative haben, ist gleichbedeutend mit Angst. Freie Wahl bedeutet, daß es noch mindestens einen anderen Weg gibt. Es ist Unsinn, von freier Wahl zu reden, wenn wir gezwungen sind, den einzigen Weg einzuschlagen, den wir kennen. Wenn einem keine alternativen Handlungsweisen zur Verfügung stehen, damit man die wählen kann, die man möchte, hat man auch keine freie Wahl. Sich fürs Nicht-Handeln zu entscheiden, ist keine echte Wahl: Nicht-Handeln ist nicht Leben.

Jede absichtliche, willkürliche Bewegung entlang einer beliebigen Bahn kann jederzeit angehalten, wieder aufgenommen, umgekehrt, kann auch geändert werden, um etwas anderes zu tun. Eine willkürliche Bewegung setzt freie Wahl voraus. Defensive, reflektorische Bewegungen gehören zur Art des Alles-oder-Nichts, sind ein Entweder-Oder; sie sind primitiv und unbeabsichtigt, unwillkürlich. Solch eine Bewegung ist am Platz nur angesichts von Gefahr, wo es um Selbsterhaltung geht. Dann werden wir entweder uns retten oder schwer beschädigt werden oder zugrundegehn.

Das Selbstverständliche ist schwer zu begreifen. Es entzieht sich unserem Zugriff. Wir sehen unsere eigene Nase nicht, nicht den Wald vor lauter Bäumen, den Baum nicht vor lauter Wald. Wenn wir unserem Denken auf Grund und Ursprung kommen möchten, geraten wir in Tiefen, wo kaum zu erkennen ist, ob, was sich uns entzieht, nicht selbstverständlicher ist als das offenkundig Selbstverständliche. So kann man zum Beispiel annehmen, freie Wahl gebe es nur innerhalb des Denkvorgangs. Kaum führt ein

Gedanke zum Handeln, und sei's auch nur dazu, daß man ihn ausspricht, schon sind die Würfel gefallen und die Wahl ist ein für allemal vorbei. Weiteres Fragen und klareres Denken sind nötig, um zu verstehen, warum Nervensysteme auf der Welt nötig sind. Wozu braucht man Bewußtsein? Würde für die gleichen Zwecke bloßes Wachsein nicht genügen? Wenn man, nachdem man es verloren hat, wieder zu Bewußtsein kommt, äußert es sich in der Frage »Wo bin ich?« Ist Wissen, wo ich bin, ist allgemeines Wissen von Selbstlenkung die bewußte Funktion des Nervensystems? Was bedeutet dieser Satz? Und würden wir dies alles genauer verstehen, wenn wir wüßten, wo es im Gehirn seinen Sitz hat?

Wir rühren damit an ein sehr stachliges Problem. Dadurch, daß man gewisse Funktionen, z. B. die der Sprache oder des Schreibens, im Gehirn lokalisiert hat, sind so viele Erfolge erzielt worden, daß es beinah einer Ketzerei gleichkommt, die Richtigkeit dieses Lokalisierungsgedankens ernsthaft anzuzweifeln. Nur wenige betrachten Funktionen in größeren Gruppierungen, etwa als Hinterhirn, als limbisches System, als Vorderhirn. Niemand würde ernsthaft behaupten, die Sprache sei eine rein neokortikale Funktion und ausschließlich im Broca'schen Zentrum lokalisiert. Elementare, primitive absichtliche Muskelbewegungen sind jedoch auf der Großhirnrinde so lokalisiert, daß Penfield's Homunkulus in den meisten guten Büchern der Neurophysiologie abgebildet ist. Der Gedanke hat solchen Erfolg, daß immer mehr und immer präzisere Lokalisierungen in Laboratorien entdeckt und bestätigt werden.

Jede Handlung kann beinahe beliebig kompliziert werden. Sie können Auto fahren, während Sie rauchen, ohne deswegen Ihren Mitfahrer zu vernachlässigen, können gleichzeitig hören und sehen, was um das Auto herum vor sich geht, und vielleicht noch Radio hören obendrein. Von

Cäsar und Napoleon wird berichtet, sie hätten gleichzeitig zuhören, lesen und drei Briefe auf einmal diktieren können. Und doch können wir nicht gleichzeitig tun und nicht tun, obwohl dies scheinbar weniger komplex ist als die komplizierte Situation beim Autofahren. Hat dies seinen Grund darin, daß an einer Handlung das ganze Gehirn beteiligt ist wie auch der ganze Körper? Auf welche Weise ist dies auch in dem Beispiel vom Autofahren der Fall? Oder trifft es hier nicht zu? Eine Handlung negieren, das ist irgendwie ähnlich wie wenn man einem bewegten Körper eine andere Richtung gibt. Eine Unterbrechung, eine Null-Geschwindigkeit ist nötig im Augenblick des Wechsels von der einen zur andern.

Es ist vielleicht klüger, hier aufzuhören, bevor wir in noch tiefere Wasser geraten und etwa über Denkquanten und andere Funktionen des Gehirns zu spekulieren beginnen. Obwohl dies ein ergiebiger Weg zum Verständnis zahlreicher Phänomene von Energie und deren Materialisierung ist.

Zusammenfassung

Je mehr man sich auf das Selbstverständliche einläßt, in desto tiefere Wasser führt es einen. Dort herrscht das Unfaßbare vor. Viele Forscher untersuchen jetzt die Sprache. Wir brauchen genauere Kenntnisse über den Ursprung der Sprache, bevor wir das Wort »selbstverständlich« gebrauchen *und* meinen können.

Kurz und gut

Wenn wir, die Erben, Mitgestalter und Opfer einer – wie alle – vergänglichen Gesellschaftsordnung und Umwelt, uns selber helfen wollen, müssen wir zu allererst begreifen, daß die Beschränkung unserer Fähigkeiten auf das unentbehrliche Minimum einhergeht mit Gefühlsschwankungen und Verhaltensstörungen oder -fehlern, die ihrerseits das Ergebnis übertriebener und fehlerhafter Gewohnheitsbildung sind. Selbst die motorische Aktivität, Mittel- und Ausgangspunkt aller menschlichen Tätigkeit, hat sich im Lauf unserer Untersuchungen als je-individuell erwiesen: sie entwickelt sich bei jedem von uns durch seine höchstpersönliche Anpassung an die jeweilige soziale und physische Umwelt. Das heißt, sie ist von anderen Gewohnheitsbildungen kaum unterschieden.

Gründliche Änderungen, wenn sie von Dauer sein sollen, sind undenkbar ohne Umbildungen der muskulären und der Verhaltensgewohnheiten überhaupt. *Der ganze Mensch muß sich auf einmal rühren.* Denkbahnen und Diät, Gewohnheiten des Gefühls und der Atmung, Geschlechtsleben, Haltung, Gang, kurz: der Gebrauch und Umgang mit sich selbst wie mit andrem und anderen bedürfen der Umerziehung.

Da es die Außen- und Umwelt ist, die uns von unserer Geburt an immer mehr einschränkt, ist dies vor allem ein soziales Problem; und Umerziehung hat denn auch bessere Aussichten auf Erfolg, wenn sie nicht – oder nicht nur – in der scheinbaren Abgeschiedenheit und Heimlichkeit des Sprechzimmers, sondern in Gruppen vorgenommen wird. Die Möglichkeiten eines solchen Vorgehens finden sich in diesem Buch angedeutet. Viele wird schon die bewußte Erfahrung der Art und Weise, wie sich Gewohnheiten gebildet haben und umbilden können, dazu befähigen, ihre Weiterentwicklung selbst in die Hand zu nehmen. Der Angst wird die Spitze abgebrochen durch die Auflösung der Verhaltensschemata der Angst, und dies innerhalb einer Gemeinschaft und ohne die Entblößung von Einzelheiten persönlicher Erfahrung, nicht einmal gegenüber dem Lehrer. Wer das Gespräch unter vier Augen sucht, dem bleibt es unbenommen. Die Anzahl heimlich Unglücklicher, die das Sprechzimmer fürchten oder es sich nicht leisten können, ist größer als gewöhnlich angenommen wird, – wie auch die Anzahl derer, die es vergeblich aufgesucht haben. Das Verfahren, das ich vorschlage, ist keine Behandlung, sondern Umerziehung des Erwachsenen. Prophylaxe und Therapie erweisen sich hier demnach als bloße Nebenerscheinungen funktions- und das bedeutet menschengerechten Umlernens. Und so, meine ich, sollte es auch sein; denn, zumal wenn Krankheit nur allzu oft fehlgesteuertes Lernen ist, so geht es um Lehren und Lernen, und nicht um Krankheit und Heilung.

Das Lernen, wie es in diesem Buch dargelegt und angepriesen wird, ist eine sehr wirkliche und echte Notwendigkeit und soll lieber heute als morgen unter die Menschen kommen. Wenn wir unsere Freiheit der Wahl erweitern und menschengerecht anwenden möchten, müssen wir über Dinge, die wir längst kennen und wissen und die uns vertraut sind, auf alternative Weisen denken lernen. Dann werden wir, vielleicht zum ersten Mal, ein jeder für sich voll verantwortlich sein und die Ängste bannen können und die Gefahren, die wir, seit es uns gibt, immer wieder heraufbeschwören.

Ausgewählte Bibliographie

Bateson, Gregory: *Geist und Natur,* Frankfurt 1981
Bernal, J. D.: *The Physical Basis of Life,* London 1961
Blechschmidt, Erwin: *Wie beginnt das menschliche Leben?,*
   Stein am Rhein 1976
Le Gros Clark, W. E.: *The Antecedents of Man,* Edinburgh 1959
Darwin, Charles: *The Expression of the Emotions in Man and Animals,*
   Chicago/London 1965
Dunlap, Knight: *Habits: their Meaning and Unmaking,*
   New York 1949
Erickson, Milton H.: *Hypnose,* München 1978
Erickson, Milton H.: *Hypnotherapy,* New York 1979
Erickson, Milton H.: *Collected Papers I-IV,* New York 1980
Fulton, John: *Physiologie des Nervensystems,* Stuttgart 1952
Hanna, Thomas: *The Body of Life,* New York 1980
Huxley, Sir Julian: *The Uniqueness of Man,* London 1942
Keith, Sir Arthur: *The Human Body,* London 1912
Lorenz, Konrad: *Die Rückseite des Spiegels,* München 1973
Magnus, Rudolf: *Körperstellung,* Berlin 1924
Monod, Jacques: *Zufall und Notwendigkeit,* München 1975
Ornstein, Robert: *Psychologie des Bewußtseins,* Frankfurt 1976
Poincaré, Henri: *La Science et l'hypothèse,* Paris 1968
Rosnay, Joel de: *Die Ursprünge des Lebens,* München 1961
Schilder, Paul: *Mind, Perception & Thought,* New York 1942
Schrödinger, Erwin: *Geist und Materie,* Braunschweig 1959
Schrödinger, Erwin: *Science Theory and Man,* New York 1957
Speransky, A. A.: *Grundlagen der Theorie der Medizin,* Berlin 1950
Thompson, W. d'Arcy: *Über Wachstum und Form,* Berlin 1973
Young, J. Z.: *Introduction to the Study of Man,* Oxford 1971
Young, J. Z.: *The Memory System of the Brain,* Oxford 1966
Young, J. Z.: *Doubt and Certainty in Science,* Oxford 1951

Weitere Bücher von Moshé Feldenkrais

Bewußtheit durch Bewegung. (Der Aufrechte Gang). Suhrkamp Verlag
   Frankfurt am Main. (st. 429).
Abenteuer im Dschungel des Gehirns: Der Fall Doris. Suhrkamp Verlag
   Frankfurt am Main. (st. 663).
Body and Mature Behavior. International Universities Press, New York,
   and Alef Publications, Tel-Aviv.
Feldenkrais/Wurm: Der Aufrechte Gang. 12 Lektionen (6 Tonbandkas-
   setten). Ex Libris, Zürich.